性別 健康 與老人照顧

歐盟國家的比較研究

柯瓊芳 著

巨流圖書公司印行

國家圖書館出版品預行編目（CIP）資料

性別、健康與老人照顧：歐盟國家的比較研究/柯瓊芳著.
-- 初版. -- 高雄市：巨流圖書股份有限公司, 2021.07
　面；　公分
ISBN 978-957-732-619-5(平裝)

1.老人 2.家庭 3.性別 4.歐洲聯盟

544.8　　　　　　　　　　　　　　　110008498

性別、健康與老人照顧：
歐盟國家的比較研究

作　　　者　柯瓊芳
責任編輯　林瑜璇
封面設計　余旻禎

發 行 人　楊曉華
總 編 輯　蔡國彬

出　　版　巨流圖書股份有限公司
　　　　　802019高雄市苓雅區五福一路57號2樓之2
　　　　　電話：07-2265267
　　　　　傳眞：07-2264697
　　　　　e-mail: chuliu@liwen.com.tw
　　　　　網址：http://www.liwen.com.tw

編 輯 部　100003臺北市中正區重慶南路一段57號10樓之12
　　　　　電話：02-29222396
　　　　　傳眞：02-29220464

郵撥帳號　01002323巨流圖書股份有限公司
購書專線　07-2265267轉236

法律顧問　林廷隆律師
　　　　　電話：02-29658212

出版登記證　局版台業字第1045號

ISBN 978-957-732-619-5（平裝）
初版一刷 · 2021 年 7 月

定價：280 元

序

　　無論古今中外，老人不一定由家人照顧，但老人幾乎完全由女人照顧。女人在先天上比較會照顧，女人也在後天環境中被要求也被訓練成比較會照顧，這就是性別角色期待，也是文化價值形塑的結果，當然也可以解釋為性別分工的具體呈現。而當性別分工被僵化成不可跨越的性別隔離，就是性別不平等。性別不平等帶來性別的健康落差，結果是女性平均活得比男性長壽但卻比男性不健康，也就是所謂的性別悖論（或死亡率─發病率悖論）。

　　但是性別平等，尤其是在公領域的性別平等（如就業、受教或參與公共事務的管理與決策權力），卻不一定可以縮小性別間的健康差異，如果沒有私領域的平等（例如傳統家務分工與價值觀的改變），有機會參與勞動市場的女性可能因為兼顧家務而有「第二輪班」的勞累與壓力，導致健康的劣化；男性則可能因為既要有養家活口的男性魄力，又要有勇於分擔家務的暖男形象，而形成另類的壓力與低成就感，對於整體健康也有負面影響。韓國學者 Kyung-Sub Chang 就認為當代的家庭是處於「功能超載」（functional overloaded）的困境，既要保有雙份薪資收入以維持家用，也要育養子女、照顧／奉養父母。

　　年老父母與成年子女世代間的關係是採行「反饋模式」或「接力模式」，端賴文化價值觀而定。盛行擴展家庭的社會，多採「反饋模式」，年老父母主要由子女負責照顧；而盛行核心家庭的社會，採行「接力模式」，多由政府或市場來協助。歐洲聯盟是全

球第二大經濟體，但成員國間的人均所得差異極大（約介於美金
2.5 萬至 7.9 萬元之間），對於提供年老父母長期照顧的態度也有極
大的不同，2017 年歐洲價值觀研究調查資料顯示，同意或非常同
意「成年子女應該提供年老父母長期照顧責任」的百分比，介於
16%（荷蘭）與 85%（克羅埃西亞）之間，高低之間的差異超過 5
倍以上。然而隨著生育率的降低、疾病的有效控制與平均餘命的延
長，未來的老人要由誰來照顧？家庭主義濃厚的國家逐漸由「家庭
照顧」模式轉為「外籍看護在家照顧」的模式；核心家庭主義的社
會則逐漸轉由市場與政府共同研發創新科技，以先進福利科技與預
防性健康計畫協助老人自立自強，歐盟國家的不同經驗值得借鏡。

　　這是一本學術性專書著作，但更希望引起一般讀者的共鳴。特
別感謝助理王如汶小姐在撰寫過程中的協助。

目　錄

第一章
導　　論

　　歐洲聯盟（European Union），簡稱歐盟（EU），是由歐洲多個國家共同建立的政治及經濟聯盟。其歷史可追溯至 1952 年，由西德、荷蘭、比利時、盧森堡、法國與義大利等 6 個國家共同簽署《巴黎條約》後，所成立的歐洲煤鋼共同體（European Coal and Steel Community，簡稱 ECSC），其主要目的在於減免成員國間的關稅壁壘，以促進跨國合作與和平。之後幾經轉折與擴大，至 2020 年 1 月 31 日前，計有 28 個成員國（除了 ECSC 6 個創始國外，另依其先後加入的 22 國為，丹麥、英國、愛爾蘭、希臘、西班牙、葡萄牙、瑞典、芬蘭、奧地利、賽普勒斯、愛沙尼亞、拉脫維亞、立陶宛、波蘭、捷克、斯洛伐克、匈牙利、馬爾他、斯洛維尼亞、羅馬尼亞、保加利亞與克羅埃西亞）。2020 年 2 月 1 日英國正式脫離歐盟，因此成員國縮減為 27 個，正式官方語言有 24 種。

　　歐盟 28 個成員國[1]總面積約 446 萬平方公里，總人口約 5.13 億。其中以法國的面積最大（633,186 平方公里），馬爾他最小（316 平方公里）（詳見圖 1-1）。但就總人口而言，以德國最多（約 8,300 萬），馬爾他最少（約 49 萬）（詳見圖 1-2）。低人口出生率、高人口移入率、以及快速的人口老化是歐盟所有成員國的共

---

1 雖然英國已經於 2020 年 2 月退出歐盟組織，但本書討論範圍涉及過去多年歐盟整體發展，因此還是將英國納入討論範圍。

同特徵。根據歐洲統計局（Eurostat）資料，2018 年歐盟 28 個成員國的總生育率為 1.56，亦即一個女性終其一生平均生育 1.56 個小孩，低於人口替代率（replacement rate）的 2.1。因此，如果沒有移民的加入，歐盟總人口將趨於負成長。圖 1-3 所示為 28 個成員國的總生育率，整體而言，南歐國家（諸如義大利、西班牙、希臘、葡萄牙與馬爾他）的總生育率皆低於歐盟的平均值（1.56），部分北歐國家（如瑞典、丹麥、愛爾蘭）與法國則遠高於平均值（Eurostat, 2021a）。

圖 1-1　歐洲聯盟 28 個成員國

資料來源：Council of the European Union (2017), p. 14.

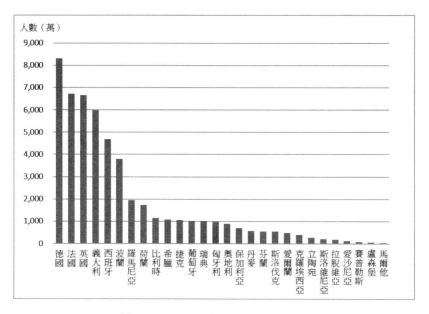

圖 1-2　2019 年歐盟成員國總人口數

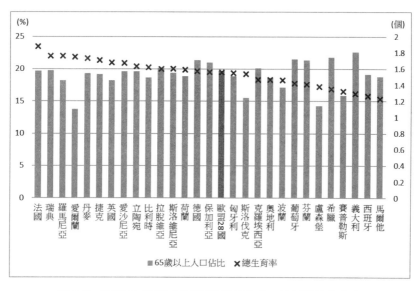

■65歲以上人口佔比　✕總生育率

圖 1-3　2018 年歐盟成員國 65 歲以上人口比例及總生育率

　　連續多年低於替代水準的生育率，並沒有導致各成員國呈現明顯的人口負成長趨勢，主要歸功於移民人口的加入，如圖 1-4 所示，28 個成員國中有 8 個國家的總人口成長率低於零（保加利亞、拉脫維亞、羅馬尼亞、克羅埃西亞、義大利、希臘、波蘭與匈牙利）。若單就人口自然增加率來看，仍有將近一半（12 個）的成員國呈現正成長；惟若就淨移民率而言，則除了拉脫維亞、羅馬尼亞、保加利亞與克羅埃西亞外，多為正成長（Eurostat, 2021b）。換句話說，移民人口的適時加入，補救了多數成員國持續低迷生育率所造成的人口負成長。

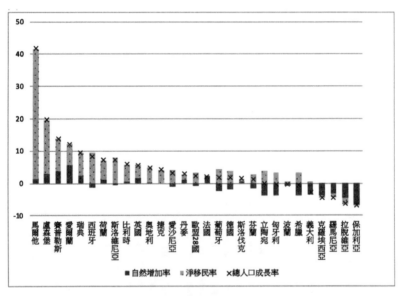

圖 1-4　2019 年歐盟成員國的自然增加率、淨移民率與總人口成長率

　　除了持續低迷的生育率與高人口移入率外，歐盟社會的另一個人口特徵便是人口結構的快速老化。根據聯合國的定義，年齡屆滿 65 歲就是老人，一個社會的老年人口達總人口數的 7%，稱之為高齡化社會（aging society），老年人口達 14% 為高齡社會

（aged society），老年人口達 20% 稱之為超高齡社會（super-aged society）。如圖 1-3 所示，2018 年除愛爾蘭外，所有成員國的老年人口比例均已達高齡社會，另有 8 個國家（依序為義大利、希臘、葡萄牙、芬蘭、德國、保加利亞、克羅埃西亞與拉脫維亞）已經邁入超高齡社會（Eurostat, 2021c）。

　　高齡或超高齡社會的特徵之一便是平均餘命（life expectancy）的延長。根據世界銀行的統計資料，1960 年全世界 0 歲的平均餘命分別為男性 50.7 歲、女性 54.6 歲，但至 2017 年已經增加為男性 70.2 歲與女性 74.7 歲（The World Bank, 2020）。歐洲各國也不例外，自 2007 至 2018 年，歐盟 28 個成員國的 0 歲平均餘命，男性增加了 2.3 歲（由 76 歲增為 78.3 歲）、女性增加了 1.4 歲（由 82.2 歲增為 83.6 歲）（Eurostat, 2021d）。一般說來，一個社會平均餘命的延長除了與嬰兒死亡率的快速下降有關外，也與老年人口平均餘命的延長脫離不了關係。以歐盟成員國為例，男女兩性 65 歲老人的平均餘命由 2006 年的 16.8 年與 20.4 年分別增為 18.2 年與 21.5 年（Eurostat, 2021e）；換句話說，2018 年 65 歲的男性老人可以預期活到 83.2 歲，女性老人則可以預期活到 86.5 歲。

　　但長壽並不意味著長健，根據歐洲統計局的估算，歐盟各成員的平均餘命均超過 70 歲，但處於無失能（disability-free）的健康歲月卻只占全部餘命的 81%（男性）與 76.3%（女性），而且女性的失能歲月比例高於男性（Eurostat, 2021f）。如圖 1-5 所示，女性的平均餘命雖然高於男性（83.6 歲 vs. 78.3 歲），但女性處於失能的歲月卻遠高於男性（平均女性 19.8 年、男性 14.9 年），而且這樣的差異隨著年齡的增加益發明顯，到 65 歲時女性的平均餘命為 21.5 年，但健康餘命為 10 年；據此，處於失能的歲月為 11.5 年，占全部餘命的 53.5%。相對的，65 歲男性的平均餘命為 18.2 年、健康餘命為 9.9 年，處於失能的歲月占全部餘命的 45.6%（Eurostat, 2021g）（詳見圖 1-6）。

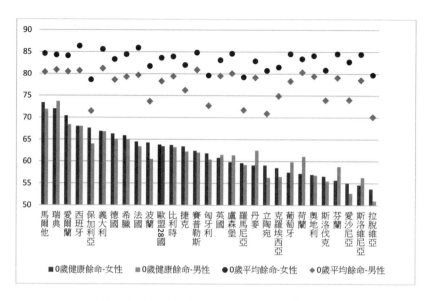

圖 1-5　2018 年歐盟成員國 0 歲平均餘命與健康餘命

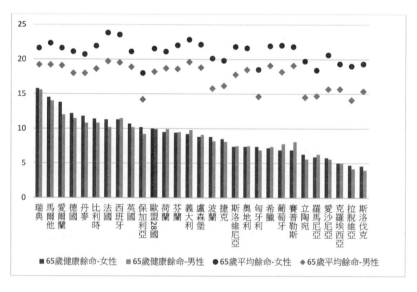

圖 1-6　2018 年歐盟成員國 65 歲平均餘命與健康餘命

　　一般說來，失能歲月多出現在老年時期，而這些老人的失能歲月要由誰來照顧以及如何照顧，是歐盟所有成員國共同面對的問題。過去多數國家的老人均由子女或家戶中較為年輕的成員來照顧，但隨著生育率的持續下降、婚姻解組率的流行、平均家戶人口數的降低、以及世代照顧價值觀的改變，老人的安養問題益發嚴峻。此外，無論是開發中或已開發社會，家庭成員的照顧責任多由女性來承擔，但隨著女性教育程度的提升以及家戶外勞動參與率的活躍，女性的傳統性別角色已然改變，家庭的養老功能因而益顯衰微。本書的主要目的，乃在藉由歐盟成員國人口結構與健康狀況的改變、以及婦女性別角色的變遷，進一步剖析歐盟國家的老人安養與照護議題。

參考文獻

Council of the European Union (2017). *The European Union: Facts and figures*. Retrieved from https://www.consilium.europa.eu/media/29692/qc0616198enn.pdf

Eurostat (2021a). Total fertility rate. Retrieved from
https://ec.europa.eu/eurostat/databrowser/view/tps00199/default/table?lang=en

Eurostat (2021b). Population change - crude rates of total change, natural change and net migration plus adjustment. Retrieved from
https://ec.europa.eu/eurostat/databrowser/view/tps00019/default/table?lang=en

Eurostat (2021c). Proportion of population aged 65 and over. Retrieved from
https://ec.europa.eu/eurostat/databrowser/view/tps00028/default/table?lang=en

Eurostat (2021d). Life expectancy at birth by sex. Retrieved from
https://ec.europa.eu/eurostat/databrowser/view/tps00205/default/table?lang=en

Eurostat (2021e). Life expectancy at age 65, by sex. Retrieved from
https://ec.europa.eu/eurostat/databrowser/view/tps00026/default/table?lang=en

Eurostat (2021f). Healthy life years at birth by sex. Retrieved from
https://ec.europa.eu/eurostat/databrowser/view/tps00150/default/table?lang=en

Eurostat (2021g). Healthy life years at age 65 by sex. Retrieved from
https://ec.europa.eu/eurostat/databrowser/view/tepsr_sp320/default/table?lang=en

The World Bank (2020). Life expectancy at birth. Retrieved from https://data.worldbank.org/indicator/SP.DYN.LE00.MA.IN

第二章
家庭型式與老人照顧

　　家庭是個人經濟來源與情感依附的最基本單位，是個人孕育、成長與社會化的地方，也是養老的場所，因此，老人的照護責任大多由家庭來承擔。但隨著生命價值觀與生活習慣的改變，社會保險概念與福利制度的興起，加上離婚率的增加與生育率的持續下降，透過稅賦以及其它多種強制性的扣繳或者儲蓄機制，政府逐漸替代家庭成為養老照護的主要負責機構。可是隨著人口老化速度的加快，再加上民主政治福利支出項目互相排擠的結果，歐美許多福利體制國家反而在財政短絀的壓力下，期待家庭負起養老的主要照護責任。但什麼是家庭？家庭成員為何？

　　家庭是指基於婚姻、血緣或收養關係而組成的初級團體。因此，手足、祖孫、抑或透過收養關係而形成的親子關係，都算家庭成員。此外，隨著同居關係的風行以及同性婚姻的逐漸被接受，不具有法律認可的同居關係，也逐漸被視為家庭關係的一種。但無論家庭或家庭成員如何被主觀認定或客觀具體定義，根據 2017 年歐洲價值觀研究（EVS, 2020）調查資料，98% 的歐盟成員國受訪者認為家庭（或家人）在自己生命中是重要或非常重要的，其重要性遠高於朋友（94%）、休閒活動（91%）、工作（89%）、或政治（49%）在生命中的重要性[1]。如圖 2-1 所示，在歐盟成員國中只有

---

[1] 目前仍有 7 個國家（比利時、賽普勒斯、希臘、愛爾蘭、拉脫維亞、盧森堡與馬爾他）的資料尚未釋出，故分析資料只包含 21 個國家。

荷蘭的受訪者認為朋友與休閒活動在生命中的重要性高於家庭，瑞典、奧地利、芬蘭與德國則將朋友的重要性視為幾乎與家庭同等重要，其他國家的受訪者都認為家庭最為重要。

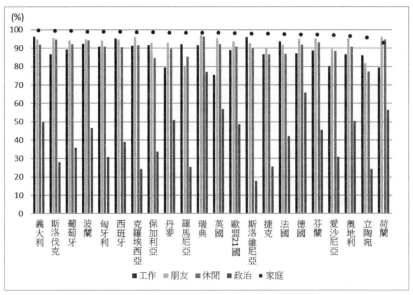

圖 2-1　歐盟成員國對於家庭、工作、朋友、休閒與政治在生命中之重要性的看法

　　家庭不但是經濟來源與情感依附的基本單位，家庭也是生產與消費的共同單位，家庭也可以視為一種以滿足基本生存為目的的社會組織。一般說來，組織是目的取向的團體，其特色在於透過有效率的分工以達成特定目的。雖然在不同經濟生產方式與文化價值觀的影響下，家庭成員之間會有不同的分工模式，但最普遍的分工模式便是年齡與性別分工。在農業社會基本上是男耕女織，且家戶住所與工作場所沒有明顯區隔；進入工業社會後就形成男性以從事外出工作賺取薪資為主的生產性活動，女性則在家從事育養子女並操持家務的再生產性活動；進入後工業社會後，服務業的需求明顯提

升，女性參與家戶外勞動的機率增加，男性參與家務工作的機會也趨於頻繁。在年齡分工上，則無論何種社會，多是由年輕力壯者承擔較為粗重的工作，年幼者受到全面的照顧，年老者則負責較為次要的工作，諸如顧家、照護年幼孫子女或提供生活諮詢等。

在這樣的性別與年齡分工模式下，年邁體弱老人多由子女或其他家中成員（尤其是女性）來照顧。這種由成年子女來照顧年老父母的老年贍養模式，費孝通（1983）稱之為「反餽模式」；相對的，在「接力模式」的社會，父母對子女有撫育的責任與義務，但子女並沒有贍養父母的責任與義務，因為成年子女也必須撫育他們自己的子女，這是一種單向的代代相傳的義務與責任。而「反餽模式」則是在接受了父母或長輩的撫育與照顧之後，成年子女要回過來反餽曾經育養自己的父母或長輩。在「接力模式」社會，一個人的一生約略可分為幼年的被撫育期、成年的撫育子女期、以及晚年的撫育空白期（也就是所謂的空巢期）。但在「反餽模式」社會，人生的三個階段則為被撫育期、撫育子女期、以及接受贍養期。

分析中國江蘇省吳江縣開弦弓村的 1936 年經濟資料、1964 年戶口資料、以及 1981 年田野調查資料，費孝通（1983）認為老年的贍養模式與家庭結構有關，而家庭結構又與社會經濟狀況和生產模式有關。中國大陸在解放之前，社會盛行儒家思想的孝道規範與土地私有財產制，家庭結構則以父系從夫居的大家庭為主，暢行的是父母竭盡所能育養子女（尤其是兒子），並將終身累積的財富移轉給兒子，成年兒子（不管是否有財產可繼承）都有義務與責任贍養年老父母，採行的是一種反餽式的贍養模式。但在解放後的三十年間（約 1950 至 1970 年代），該社會轉為施行公有制的經濟體制，個人不再擁有土地等私有財產，家庭的經濟來源是依照家庭成員參加集體生產的勞動分配所得（包括現金、口糧與柴禾等），因

此家庭不再是生產單位，而只是共同消費的單位，也因此成年子女與父母分居的傾向變得明顯，進而降低了傳統同居共爨的反餽式贍養模式。

至 1970 年代末期經濟改革開放之後，成年子女與父母同住的比例又升高了，根據費孝通的觀察，這除了與社會經濟生產模式的改變有關外，更受到當時開弦弓村因為人口快速增加所導致的房屋數量不足的影響。由於房屋數量不足分家困難，成年已婚子女於是選擇與年老父母同住共食或同屋分食（又稱分灶）的居住安排。同屋分食其實是不得已的替代方案，目的在減少世代間（尤其是婆媳間）因為生活習慣差異而引起的摩擦與緊張關係。費孝通認為，一個社會經濟共同體，例如家庭，要能長期維持下去，成員之間的來往取予關係就總體和長期來看，必須均衡互惠。養兒防老式的反餽贍養模式，是傳統中國社會均衡互惠的家庭世代關係，而西方社會的接力贍養模式，則是該社會世代關係維持互惠均衡的原則。

2-1　育養子女與奉養父母

為了進一步瞭解歐盟成員國的親子關係與可能的老年贍養模式，我們透過 2008 年歐洲價值觀研究調查（EVS, 2016）資料中的四個議題進行分析。這四個議題分別為：1）父母是否應該竭盡所能育養子女；2）無論父母是否盡到育養責任，子女都應該敬愛父母；3）成年子女是否有責任照顧年老病弱的父母；4）成年子女是否應該竭盡所能奉養年老父母。如圖 2-2 所示，歐盟 28 個成員國中，除了立陶宛、拉脫維亞、斯洛伐克、捷克、波蘭、賽普勒斯、希臘、羅馬尼亞與愛沙尼亞等 9 個國家以外，竭盡所能育養子女的支持度都明顯高於子女應該無條件敬愛父母的程度，這個差距在北

歐國家（如瑞典、芬蘭、丹麥與荷蘭等）尤其明顯，而南歐或東歐國家則差異相對較小。以馬爾他共和國為例，92% 的受訪者認為父母應該竭盡所能育養子女，但同時也有 90% 的受訪者認為子女應該無條件敬愛父母，兩者的差距為 2 個百分點；相對的，瑞典受訪者的態度則分別為 80% 與 24%，差距為 56 個百分點。

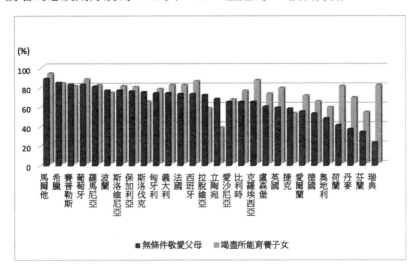

圖 2-2　歐盟成員國對於無條件敬愛父母與育養子女的態度

　　至於成年子女照顧病弱父母與竭盡所能奉養父母的態度方面，如圖 2-3 所示，所有會員國的態度，都是照顧病弱父母的支持度高於奉養父母。同樣的，在這兩個議題的支持度上，也是西北歐國家（如芬蘭、丹麥、瑞典與英國等）的支持度低於南歐（如希臘、西班牙與馬爾他等）或東歐國家（如羅馬尼亞與斯洛伐克等）。受訪者對這兩個議題的態度差異，反映出對於父母的短期照顧與長期奉養（或長期照護）的意願差別。一般說來，無論就金額花費或體力照顧而言，提供病弱父母的短期協助比提供長期照護容易。此外，若成年子女需要長期奉養年老父母，則在居住安排上以採行同居共

住最為方便有效率，但這樣的居住安排除了牽涉到傳統文化價值與
個人喜好外，還要考慮成年子女的就業、婚姻與生活慣習等。換句
話說，長期奉養年老父母的安排比較有可能在大家庭制度下實踐，
在小家庭（或核心家庭）流行的社會就相對困難。當然，我們也可
以反過來說，家庭結構其實是社會價值觀的反映，因此在重視成年
子女有責任與義務奉養年老父母的價值觀下，大家庭或主幹家庭式
的居住安排就會成為主流。據此，也可以說，反饋式的贍養模式比
較有可能在大家庭制度下實踐，接力式的贍養模式則傾向於出現在
核心家庭制度盛行的社會。

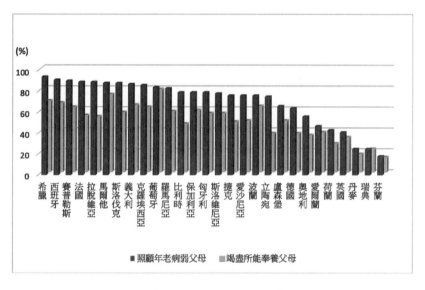

圖 2-3　歐盟成員國對於照顧年老病弱父母與竭盡所能奉養父母的態度

　　再進一步分析歐盟國家對於家庭世代間權利義務的看法，我們
以父母育養子女的責任態度與成年子女奉養年老父母的責任態度
做比較分析，如圖 2-4 所示，除了立陶宛以外，都是竭盡所能育養

子女的支持度高於竭盡所能奉養年老父母的支持度，而且在這兩個
議題上的態度差異，也是北歐國家明顯高於南歐或東歐國家。以捷
克為例，48% 的受訪者認為成年子女應該竭盡所能奉養父母、51%
的受訪者認為竭盡所能育養子女是為人父母的責任，兩個議題的態
度差異為負向 3 個百分點，顯示竭盡所能奉養父母的支持度低於竭
盡所能育養子女；相對的，只有 22% 的瑞典受訪者認為成年子女
應該竭盡所能奉養父母，但卻有 80% 的受訪者認為父母應該竭盡
所能育養子女，兩者的差距為負向 58 個百分點。雖然態度不等同
於實際行為的實踐，支持成年子女有義務奉養父母的人，不一定會
確實實踐，但就這幾個態度面向來說，北歐國家還是有傾向於接力
式贍養模式的價值觀，而南歐或東歐國家則比較接近反饋式贍養模
式的價值觀。

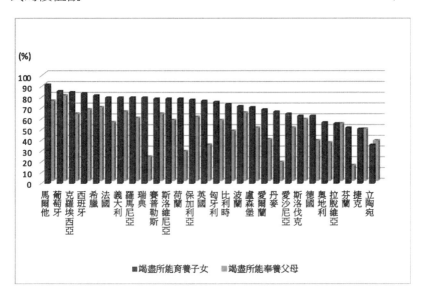

圖 2-4　歐盟成員國對於竭盡所能育養子女與竭盡所能奉養父母的態度

2-2　家庭型式與家族聯繫

　　為什麼對於年老父母的奉養態度會在地理區位上呈現差異？部分學者認為這與家族聯繫（family tie）的緊密程度有關，而家族聯繫的緊密程度又與家庭型式有關。家族聯繫程度較為緊密的社會，傾向於形成所有家族成員同居共爨的大家庭制（又稱擴展家庭制或集合家庭制），而家族聯繫程度較低的社會傾向於形成以夫妻和未婚子女為主的小家庭制（又稱核心家庭制）。英國學者約翰・哈伊納爾（John Hajnal）分析歐洲的歷史人口資料後發現，若將蘇俄聖彼得堡（Leningrad，即今之 Saint Petersburg）與義大利東北角的的里雅斯特（Trieste）連成一直線，則此線以西多行核心家庭制，此線以東多行大家庭制（Hajnal, 1965）。這個發現對於爾後家庭社會學相關的研究有極大的影響，此線也因此被稱之為哈伊納爾線（Hajnal Line，詳見圖 2-5）。根據哈伊納爾的研究，哈伊納爾線以西的國家（主要為西歐與北歐國家，諸如奧地利、比利時、丹麥、芬蘭、法國、德國、英國、荷蘭、冰島、愛爾蘭、義大利、挪威、葡萄牙、西班牙、瑞典與瑞士等）除了盛行核心家庭制度外，另外兩個特徵為平均結婚年齡較高，而且終身未婚（尤其是女性）的比例偏高。而哈伊納爾線以東國家（主要包括東歐與地中海地區，包括希臘、匈牙利、羅馬尼亞、波西尼亞、保加利亞、蘇俄與塞爾維亞等）則盛行大家庭制，年輕人平均結婚年齡相對較早，結婚率也較高。

　　多數學者認為歐洲幅員廣大，哈伊納爾對於家庭結構的分析過於簡化。因此，在其 1982 年出版的論文中，哈伊納爾將研究範圍限縮在所謂的西北歐國家（包括冰島、瑞典、挪威、丹麥、不列顛群島、荷蘭、比利時、盧森堡、德國及其鄰近的德語區與法國北部等），並以印度與中國做為比較對象。根據既存的歷史人口資

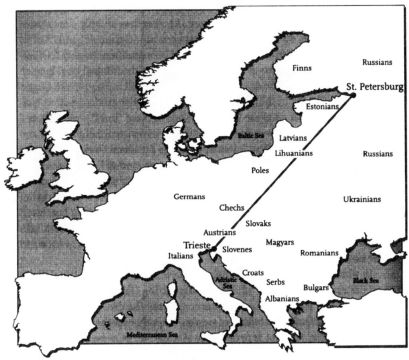

圖 2-5　哈伊納爾線（Hajnal Line）

資料來源：Plakans & Wetherell (2005), p. 108.

料，哈伊納爾再度強調在工業革命以前，西北歐地區盛行的是核心家庭制。而所謂的核心家庭，原則上是以一對夫妻及其未婚子女為主。這些地區的家庭人口特徵為：1）無論男女均相對晚婚（男性平均26歲、女性23歲結婚）；2）婚後多離開父母獨立成家，並由丈夫擔任家長；3）有相當高比例的年輕男女在結婚之前都有受雇於其他家戶工作的經驗。而相對於西北歐的印度與中國，盛行的是擴展家庭制（亦即家庭中至少有超過一對以上的已婚夫婦，可能是分屬上下兩個或三個世代的夫婦，也可能是同輩兄弟的兩對或以上夫婦及其子女等）。這些擴展家庭制社會的特色為：1）相對早

婚，且女性比男性明顯年輕（平均男性在26歲以下、女性在21歲以下結婚）；2）年輕男女結婚後通常不會另立門戶，而是繼續與男性的原生家庭同住；3）若有需要（尤其是當所耕種的土地面積或畜牧範圍無法滿足整個家庭的生活需要時），大家庭可能區分成數個規模較小的家戶。

2-3 勒普勒（Le Play）的家庭分類與分布

　　雖然哈伊納爾提出的哈伊納爾線受到許多的質疑，但若根據上述 2008 年歐洲價值觀研究的分析結果，哈伊納爾線以東的國家（如波蘭、賽普勒斯、保加利亞、羅馬尼亞、斯洛伐克與匈牙利等）的確有較高比例（介於 48% 至 63%）的受訪者認為成年子女有竭盡所能奉養父母的責任，但哈伊納爾線無法解釋該線以西的歐洲南北差異。如圖 2-4 所示，葡萄牙、馬爾他、希臘、西班牙與義大利等南歐國家，約有 70% 的受訪者認為為人子女應該竭盡所能奉養父母，但北歐國家，如芬蘭、丹麥、瑞典與英國，則平均只有 22% 的受訪者持此看法。不過，哈伊納爾在其 1982 年的論文中，已經將地處南歐的西班牙、葡萄牙與義大利等國排除於西北歐的核心家庭範疇外，因此就某種程度而言，哈伊納爾的論述與近年的實證結果相去不遠。此外，柯瓊芳（2002）分析 1999 年的歐洲民意調查（Eurobarometer 47.1）資料發現，當被問及一旦獨居年老父母無法獨立料理日常生活時，68% 的西班牙受訪者認為子女應該將父母接來同住，9% 認為應該搬去與父母同住，4% 認為雙方應該搬近以方便照顧，3% 認為應該安排父母到老人安療養機構，8% 認為政府應該出力協助老人獨居，6% 認為看情況而定。相對的，只有 9% 的丹麥受訪者認為應該將父母接來同住，1% 認為應該搬

入父母家，7% 認為應該雙方搬近方便照顧，33% 認為應該安排入
住安療養機構，44% 認為由政府出力協助老人獨居，3% 認為要視
情況而定。如表 2-1 所示，芬蘭、瑞典與荷蘭等北歐國家受訪者的
態度相似於丹麥；而希臘、義大利與葡萄牙等南歐國家受訪者的態
度則與西班牙相似。

表 2-1　歐盟各國對於獨居無法料理日常生活父母的照顧安排方式							
國　家	① 子女 接來住	② 搬入 父母家	同居照 顧意願 —— ①＋②	③ 雙方 搬近	④ 老人療安 養機構	⑤ 獨居， 政府協助	⑥ 看情況	樣本數
丹　麥	9.39	1.10	10.49	6.99	33.07	44.36	3.40	1001
芬　蘭	14.44	3.26	17.70	6.03	10.88	59.64	4.65	1011
瑞　典	11.41	0.80	12.21	5.01	34.13	43.54	3.60	1000
愛爾蘭	40.08	7.48	47.56	7.78	3.49	26.32	10.87	1003
英　國	34.88	3.53	38.41	9.00	12.80	27.55	9.55	1078
奧地利	34.09	10.04	44.13	13.26	6.91	24.43	8.33	1056
比利時	32.97	2.39	35.36	6.27	19.02	26.79	10.26	1005
法　國	34.49	2.19	36.68	7.95	8.95	35.19	8.75	1006
西　德	39.63	4.73	44.36	11.48	8.58	21.02	10.51	1038
東　德	42.19	6.89	49.08	10.28	8.44	20.85	8.63	1031
盧森堡	43.89	3.85	47.74	4.36	17.09	13.40	14.41	597
荷　蘭	12.25	1.37	13.62	4.41	29.90	46.76	4.22	1020
希　臘	71.68	5.15	76.83	7.62	1.19	11.29	2.87	1010
義大利	45.44	5.02	50.46	11.23	2.41	26.68	6.22	997
葡萄牙	63.30	7.50	70.80	4.10	4.50	11.80	5.90	1000
西班牙	68.30	8.60	76.90	3.80	2.60	8.20	5.60	1000
合　計								15850

資料來源：柯瓊芳（2002）。〈誰來照顧老人？歐盟各國奉養態度的比較分析〉，
　　　　　《人口學刊》第24期，頁16，表2。

　　事實上哈伊納爾的論述只強調家庭型式在地理區位上的分配差異，並沒有特別討論為何核心家庭制會盛行於西北歐地區。不過，法國學者勒普勒早在 1882 年就根據多年遊走歐洲並觀察不同地區的勞工生活與家庭後，認為家庭型式（即家庭的結構與組成）受到經濟生產方式的影響，而經濟生產方式又與自然環境有關。一般說來，歐洲地區的自然環境依其地勢高低可區分成三大類：高山或高原地區、平原或山谷地區、以及河流入海口的河港區域。高山或高原地區適合發展礦業、木材砍伐業或畜牧業，平原或山谷地區適合農作，而河港區域則容易形成漁業、貿易與工業的聚集地。勒普勒強調人類的生活方式與自然環境息息相關，例如，沒有礦藏就不會形成礦村，沒有草原、雨水與肥沃土壤就無法形成精耕農業。而隨著經濟生產方式的不同，家庭的組成方式也會不同。根據勒普勒的觀察，歐洲的家庭型式可分成父系家庭（patriarchal family）、不穩定家庭（unstable family）、以及主幹家庭（stem family）三種（Mogey, 1955）。

　　在以畜牧業為主要生產方式的社會，容易形成以父親為首的父系擴展家庭組織，在這種家庭組成中經驗最豐富、最有能力的長者（即父親）會成為家族的領袖，父親擁有極大的權威且親子之間有密切的技術與經驗傳承關係，成年子女無需離開家庭自謀生存，家庭既是生產單位也是消費單位，如果家族所賴以為生的經濟產業不足以滿足所有家族成員的需要，分家另謀生計的狀況就有可能出現。至於不穩定家庭，則與近代所謂的核心家庭相似，家庭成員以父母親及其未婚子女為主，成年已婚子女多離開原生家庭自謀生計，年老父母進入空巢期的獨自生活狀況，當年老父母亡故，這個核心家庭也就消失不復存在；而其成年子女則重新開始他們自己的核心家庭。勒普勒認為這種家庭型式多出現在西歐工業化過程中的

勞工階級，主要是因為勞工階級的年老父母沒有恆產也沒有生產工具（如土地或牲畜）可以贈與成年子女，成年子女可以（或只好）在原生家庭之外找到謀生的工作機會，因此無需仰賴父親或長輩提供的傳統謀生技能或財產，親子間的關係遠不如父系社會緊密，父親在家庭中的權威性也相對較低。主幹家庭則是勒普勒最為推薦的家庭型態，也可以說是介於上述兩種家庭中的組織型態。在這種家庭中年老父母可以選擇一個子女（通常是長子）做為繼承人並與之同住直到終老，其他子女則離開原生家庭自謀生路，另外建構自己的家庭。處於平地或山谷的農耕社會容易形成這種家庭型態。

根據勒普勒對歐洲社會與自然環境的觀察與歸納，父系擴展家庭多出現在中歐的斯拉夫民族、蘇俄農民以及東方的遊牧民族；不穩定家庭多流行在英國、比利時與法國北部，少部分出現在德國；主幹家庭則主要出現在西班牙、義大利、德國、荷蘭、挪威與瑞典等。勒普勒認為，家庭既是一個生產也是消費的單位，家庭為了維持生存必須達到收支平衡，因此家庭成員之間必須維持類似付出與受惠的均衡關係，否則這個家庭就會面臨解散的結果。這個論述與費孝通（1983）的家庭世代互惠說，不謀而合。勒普勒認為，隨著社會經濟的發展，家庭結構也會逐漸由大家庭制轉為小家庭制，而工業化就是促成家庭結構轉變的重要原因。此外，勒普勒以法國為例，認為小家庭制的出現與 1789 年的法國大革命有關，革命之前父親在家庭中擁有極大的權威，可以依其意願選定繼承人來維持父系家庭的延續，並能藉以安頓自己的晚年生活。但革命之後，法律規定所有的子女都有繼承財產的權利，父親原有的財產支配權受到限制，子女可能在取得財產之後離開原生家庭，促成了不穩定家庭制的流行。勒普勒也暗示，道德觀念的下降與社會的現代化有關。

2-4 西北歐核心家庭的特徵

　　勒普勒強調以實證資料、深度訪談和觀察為主的研究方法，受到許多社會學家的推崇，有的學者甚至認為艾彌爾‧涂爾幹（Émile Durkheim）的社會科學方法及其對於工業化社會的疏離研究都受到勒普勒的影響。此外，勒普勒對於家庭型態的研究也受到英國學者彼得‧拉斯萊特（Peter Laslett）及其劍橋大學歷史人口與社會結構研究群（The Cambridge Group for the History of Population and Social Structure）的肯定，但是與之相反的是，拉斯萊特等學者強調核心家庭並不是工業化（或現代化）的結果，核心家庭反而是促成工業化的原因（Laslett, 1977）。因為許多學者的研究都發現，盛行核心家庭制的西北歐地區，也普遍出現成年未婚年輕男女離開原生家庭受雇於其他家戶的現象，而其離家工作的主要目的乃在於透過協助其他家戶之家務或耕作等雜務，換取食宿養活自己或藉以累積金錢做為未來結婚獨立成家的經費。另有部分家庭則將自己的子女送到其他家戶，以學徒身分學習生活技能（包括生活禮儀或勞作技藝等），為未來成家立業預做準備（Berkner, 1972; Hajnal, 1965; 1982; Reher, 1998）。這種出外工作的經驗有助於獨立個性的培養與個人主義價值觀的養成，而這些特質都有助於資本的累積，進而促成都市化與工業化社會的形成。

　　根據拉斯萊特的研究，雖然離家受雇為傭（servant ，即提供服務 [service] 的人）的現象在英國境內有區域性的差異，但整體而言，17 至 18 世紀英國大約有 50% 的 15-24 歲年輕男女曾經受雇為傭。Ann Kussmaul（1981: 12-13）的研究也顯示，在 17-18 世紀間，英國 60% 的農民雇有勞工協助農務。Reher（1998）分析 19 世紀歐洲國家的人口普查資料發現，北歐地區受雇為傭的比例遠高於南

歐地區，例如 1890 年比利時有 11.5% 的人口為雇傭，1860 年瑞典
有 10.4%、1872 年法國有 6.5%、1860 年西班牙有 1.3%、1861 年
義大利有 2.2%。而且，無論南歐或北歐地區，都是鄉村地區的雇
傭比例高於城市地區。值得特別注意的是，這裡所謂的勞工或受雇
為傭並不等同於封建社會下的終身僕役。相反的，這些受雇為傭的
年輕人可能是季節性的短工，只在農忙時期協助農務以換取工資，
也可能是日雇型的幫傭，以自己的勞力與服務換取工資。此外，
這些受雇幫傭經驗並不是只發生在相對貧困的家庭，成長於生活無
憂家庭的年輕男女也有出外工作的經驗，而且不同家庭間互相雇用
對方家人協助農務或家務也是常態。年輕人出外工作賺取工資不但
是基於個人意願，也受到父母家人的鼓勵，因為這是年輕男女用來
籌備結婚成家所需經費的策略。也因為年輕人必須為自己爾後成家
育養子女預先儲備經費，因此這些地區的平均結婚年齡相對較晚，
而且婚配的對象大多是由當事人自由選擇並經父母同意後做成的決
定，結婚雙方既無聘金也無嫁妝的潛規則，婚姻被視為是一種陪伴
關係的互惠結合（Laslett, 1980）。

　　英國學者 Alan Macfarlane（1992）分析諸多歷史人口學者的研
究與著作後，支持拉斯萊特等學者的論述，核心家庭曾經盛行於西
北歐，至少 16 世紀以來，就在英國盛行。但是 Macfarlane 也強調
英國同時也存在有勒普勒所謂的主幹家庭制，年老父母可以選擇一
個子女（通常是長男）做為家產的繼承人，並與之共同生活至終
老，其他的成年子女則帶著分得的小額財產或空手離開家庭自謀生
活。此外，根據 Berkner（1972）、Ehmer（1998）與 Gaunt（1983）
等學者的研究，早在中世紀日耳曼律法施行地區，就存有許多主幹
家庭存在的證明文件。根據既存的歷史資料，年老體衰又有資產
的老人為了確保自己的晚年生活，會將這種世代互惠的居住安排訴

諸於文字契約，契約內容主要涵蓋雙方簡要的權利義務，但也可能詳列細小的日常生活作息，諸如老年人是否可以享用某些食物、是否有獨立的生活空間、是否可以坐在火爐旁邊取暖等（詳見附錄1）。此外，這種退休契約不限於財產的繼承，往往也包括佃農的耕作身分，當佃農年老體衰耕作能力下降時，莊園主人會居中協調將佃農的耕作機會轉讓給其子女，並將親子兩代間的權利義務做合理調配，以減少日後的紛爭（Gaunt, 1983）。

以中世紀瑞典地方法的規定為例，當時的農民多能擁有自己的農地，因此當農民覺得自己年老無力耕作時，他或她必須去地方法院申請退休，有意願繼承其農地並負責照顧老人（包括其配偶）的子女或親戚必須向法院表明意願，雙方協調彼此的權利與義務並訴諸文字契約以避免紛爭（詳見附錄1）。如果沒有子女願意繼承財產並提供年老父母的長期照顧，則可以尋求其他有意願的親戚或鄰居。有些父母也會選擇將財產均分給子女，並由子女輪流照顧（Gaunt, 1983）。

2-5　主幹家庭才是主流？

對於核心家庭在西北歐地區的獨占性，美國學者 Steven Ruggles（2009）則抱持懷疑態度，他認為西北歐國家與北美社會只是「厭惡」大家庭，並非只有核心家庭，主幹家庭也有存在的空間。Ruggles 分析 1850 至 2007 年間 35 個國家的 84 個人口普查資料後認為，核心家庭或小家庭未必是前工業化社會（例如 19 世紀的歐美國家或 20 世紀的開發中國家）獨有的家庭型式，主幹家庭或與其他親屬同住的大家庭結構所占的比例都高於核心家庭。以 19 世紀的英國為例，若單就 65 歲以上老人的居住安排來看，62% 的老

人有親屬與之同住，23.5% 的老人住在三代同堂的家庭中。但若僅根據 20 世紀以來的人口資料來看，撒哈拉沙漠以南的非洲國家與東亞國家有較高比例（約 79%）的老人有親屬與之同住，而西北歐國家則只有三分之一左右（34%）的老人與親屬同住。一年之後，Ruggles（2010）再以 19 世紀與 20 世紀 100 個不同國家的人口普查資料做比較分析，發現世界各國都普遍存有核心家庭與主幹家庭，但西北歐以及北美地區鮮少出現擴展家庭型態，亞洲與非洲地區則相對有較高比例的擴展家庭。

　　雖然已經有許多的研究顯示大家庭的居住安排並沒有盛行於工業化以前的歐美社會，但仍有許多人相信東方社會盛行大家庭制度。哈伊納爾（1982）的比較研究也顯示，在工業革命以前，無論西北歐或印度、中國，平均家戶人數大約都在 5 人左右。Wheaton（1975）的研究也顯示，英國自 16 世紀以來的平均家戶人數為 4.75，而日本的平均家戶人數也只比英國高出 0.3-0.4 人而已。陳寬政與賴澤涵（1979）的研究顯示，中國歷代的平均家戶人口數大約在 5-6 人左右，日治時期臺灣的平均家戶人口數在 6 人左右，他們同時強調主幹家庭才是過去與現代中國或臺灣的主要家庭型式，且「折衷家庭（註：即主幹家庭）絕非由大家庭瓦解而來，亦非由大家庭到小家庭的過渡，它實在是一個成長的極限（A limit to growth）。」（1979：20）。換句話說，在家族共同生產的財力、生命存活的機率、以及同屋共爨互相包容的耐力程度等因素考量下，同住人口的數量有其侷限性，中國歷史上楊家將或紅樓夢等文學作品中的大家庭生活是少見的。隨著新的歷史人口資料的公布[2]，拉斯萊特等學者的論述受到愈來愈多學者的支持，也同意「將工業化以前的社會視為盛行大家庭制的想法是對古老社會的美好想像與迷思（myth）」的說

_____

2 英國戶口普查資料中的所有個人資料必須在普查後 100 年才能公布。

法。

　　但無論核心家庭是否為西北歐國家獨有的歷史現象，主幹家庭必然與核心家庭並行存在，只是輕重比例不同而已。因為在以主幹家庭為主的社會，一對夫婦若育養超過兩個子女，就必然會有一個已婚子女離開原生家庭成立自己的核心家庭，若生養更多的子女就會有更多的核心家庭出現。因此，只要死亡率低於出生率，核心家庭的增加速度就會高於主幹家庭，其所占比例也會相對較高。Lutz K. Berkner（1972）則認為家庭與個人一樣，有其生命週期，家庭的初始階段是由年輕男女組成核心家庭，並以丈夫為戶長，數十年後，俟兒女長大先後結婚生子，家庭型式轉為擴展家庭（即年老父母與已婚及未婚子女同住，有時還包括幼小的孫子女），等最小的子女結婚離家後，家庭型式轉為主幹家庭（即三代同堂型式），一旦年老父母過世後，家庭又轉為核心家庭。此外，Berkner 也強調，在高死亡率的時代，平均壽命較短，若平均結婚年齡又較高的話（例如西北歐社會），三代同堂的居住安排較難出現。此外，若沒有足夠的土地面積或資產，也無法維持大家庭的共同生活所需。

　　Robert Wheaton（1975）則認為任何社會都有這三種家庭型態的存在，但大家庭的組成最為困難。首先，必須要有足夠的成員或世代才能組成擴展家庭，而在中世紀高嬰兒死亡率與低平均壽命的環境下，能有多世代共存或多對已婚手足親戚同住的機率不高。其次，不但要有足夠的經濟能力以滿足家庭成員的生活所需，還要有一位德高權重的領導人或長者，透過公平合理的機制分配家庭成員的勞力付出與所得酬勞。因為一旦這個經濟共同體無法滿足家庭成員的個別生活需求，必然會有家庭成員離開家庭另謀生計；相對的，若在勞力付出與所得報酬間沒有得到應有的均衡，有能力的家庭成員也會脫離家庭另謀發展。一般說來，經濟富裕的權貴階

級或擁有大筆土地面積的莊園家庭，比較有可能形成大家庭型態。Wheaton 以 Olga Lang（1946）所分析研究的中國北方農村 458 戶家戶為例，其中有 33% 為核心家戶、41% 為主幹家戶、26% 為擴展家戶（joint household）。若再依家戶經濟背景來細分，則擴展家戶的比例與經濟富裕程度成正比，如表 2-2 所示，受雇為農場勞工的家戶中有 11% 為擴展家戶、貧窮農戶中有 15%、小康農戶中有 29%、富有農戶中有 41%、地主階級則高達 53%。相對的，核心家戶所占比例則與經濟背景成負相關，農場勞工家戶中有 54% 為核心家戶、地主家戶則只有 12% 為核心家戶。

表 2-2　中國北方的家戶型態：依社會階級分					
家戶型態	農場工人	貧窮農人	中產農人	富有農人	地主	合計[1]
	（n＝61）	（n＝163）	（n＝125）	（n＝58）	（n＝51）	（n＝458）
	%	%	%	%	%	%
核心	54	41	27	17	12	33
主幹	35	44	44	42	35	41
擴展	11	15	29	41	53	26

資料來源：Wheaton, R. (1975). Family and kinship in western Europe: The problem of the joint family household. *The Journal of Interdisciplinary History*, 5, 4: 617.

註1：本欄為作者根據內文加上的。

　　其實家庭型態的組成是動態的，有其生命週期，但統計調查數據是靜態的，反映的只是某一個時間點的概況。同一個家戶可能在不同的時間點被歸納為不同的家戶型態，例如，在年老戶長過世前這個家戶屬於三代同堂的主幹家庭，一旦年老戶長過世則被歸之為核心家戶。此外，平均家戶人數的實質意義也值得考慮，因為家

戶人數的計算是靜態的，是以某一定點時間（如人口普查時間）為計算的依據，但家戶總人數是變動的，會因為家戶成員的加入或離去而改變。其次，人數的計算是以實質居住地點（de facto）或以戶籍登記地點（de jure）為標準，往往因時因地而略有不同。第三，如前所述，工業革命之前許多歐洲國家都有雇傭的情形，而雇傭往往也被列入家戶人口數量的計算。因此，我們很難透過平均家戶口人數來推論家戶型態。不過，根據歷史人口資料，Wheaton（1975）認為北起波羅的海南至巴爾幹半島，該線以東的地區（包括部分拉脫維亞、芬蘭、愛沙尼亞、匈牙利、馬其頓與阿爾巴尼亞等）都有資料足以證明擴展家戶的存在；但該線以西則尚難論定。根據 1960 年代學者的估算，在工業革命前的英國大約只有 27% 到 29% 的家庭屬於三代同堂（Glass, 1966; Wrigley, 1969）的大家庭，Levy（1965）則進一步認為，任何社會的三代同堂家戶都不可能超過 50%。

2-6　核心家庭與工業化社會的興起

拉斯萊特等學者雖然強調核心家庭早在 16 世紀以來就盛行於英國社會，但他們的研究也顯示，17 世紀英國家戶中約有 10% 屬於擴展家庭，這個數據與 1960 年英國人口普查的數據相去不遠。顯然，核心家庭早在工業革命之前就已經存在，核心家庭不是工業化的結果。在有關探討促成工業化與資本主義興起的研究上，核心家庭型態的盛行常被認為是重要關鍵，拉斯萊特認為英國工業化前的核心家庭型態同時隱含晚婚、未婚與獨立打拚的精神，晚婚與未婚的直接結果便是生育率的降低，因此英國沒有發生馬爾薩斯（Thomas Robert Malthus）所預測的人口增加速度高於食物生產速

度的人口危機；此外，晚婚（尤其是女性晚婚）以及早年離家出外工作的經驗，不但有助於個人知識的提升與能力的培養，也有助於爾後對於子女的教養，進而可以提升社會文明的發展速度。Macfarlane（1992）則進一步認為工業化之所以肇始於英國，與英國的單一財產繼承制有關。因為均分給子女的共同財產繼承制會使得個人所取得的資產愈來愈少，不利於資本的集中，但單一財產繼承制卻有利於資本的集中。另一方面，其他沒有繼承權的子女，則因為缺少家庭的保障而必須努力工作提供自己生活所需（例如離開原生家庭受雇於其他家戶），並進而累積資產以滿足自己新成立的家庭生活所需。而這兩項特質正是促成工業化、都市化與資本主義興起的要素。換句話說，是小家庭制促成了現代化社會，並不是現代化的興起使得大家庭式微。因此，拉斯萊特（1980）認為處於20世紀的人類不應該說小家庭的興起，因為小家庭早在16世紀就已經出現了。

　　不過值得進一步探究的是，為何核心家庭沒有盛行於南歐的希臘與義大利等諸國？Kertzer（1989）認為家庭型態的形成要從經濟、人口、政治與文化狀況來討論。分析比較1861年與1911年義大利卡薩萊基奧（Casalecciho）地區的人口普查資料，Kertzer發現當地居民（主要為佃農）盛行的是擴展家庭型態。以1861年的923戶家戶為例，擴展家庭或大家庭占89%、核心家庭占11%；五十年後（1911年），擴展家庭或大家庭仍是大宗，其比例略降為83%，而核心家庭則略增為17%。Kertzer認為擴展家庭型態之所以盛行於義大利有三個主要因素：第一，經濟生產模式的影響。根據當時佃農耕作制度，地主與佃農各分得二分之一的農作生產，為了增加地租收入，地主會希望佃農家戶具有足夠的耕作勞力以增加生產量，而佃農則為了確保其佃農身分與經濟來源，乃採取大家庭

型態以繼續保有耕作資格。因此，基於經濟效益考量，世代同居（包括已婚手足或已婚堂兄弟同住）的擴展家庭就成為重要的生存策略。第二，隨著死亡率的降低，子女存活的機率愈來愈高，形成大家庭的可能性也隨之增高。第三，婚後從夫居的文化因素。如果女性結婚後原則上都與丈夫家人同住，則子女愈多的家庭，家庭人口數不但隨著增加、家庭內的親屬關係也會呈現多元，而擔任整個家族的大家長可能是自己直系的父親或祖父，也可能是旁系的叔伯或叔／伯公等。

　　Jack Goody（1983）與 David Sven Reher（1998: 213）則強調，南歐國家的家庭型態之所以異於北歐，與南歐地區所曾經歷的東西方文化融合經驗有關。遠在 4 世紀羅馬帝國將基督信仰（天主教會）列為合法宗教信仰之前，地中海沿岸（包括伊比利半島與巴爾幹半島）等南歐地區與中亞、北非等區域均共同享有東方國家大家庭文化的色彩，伊比利半島（主要為西班牙與葡萄牙）雖在羅馬帝國時期改為天主教信仰，但在西元 7 世紀以後受到以奉行伊斯蘭教的摩爾人（Moors）所建立的安達盧斯王國（Al-Andalus）統治，直到 12 世紀與 15 世紀才分別恢復成天主教信仰的葡萄牙王國與西班牙王國。相對的，西歐與北歐地區則在 16 世紀馬丁路德（Martin Luther）的宗教改革下轉為新教信仰（即通稱的基督教），基督新教強調個人努力、節儉、累積資本以榮耀上帝，這種精神被德國社會學家，馬克斯·韋伯（Max Weber），認定為促成近代資本主義精神出現的重要因素。而這種宗教倫理被視為強調個人主義的文化特質，也被認為與西北歐國家核心家庭型態的存在有共生關係。

2-7 核心家庭與老人安養

　　如果核心家庭早在 16 世紀就成為英國或西北歐國家的主流，那麼這些地區的老人要由誰來照顧？部分學者認為在核心家庭盛行的西北歐社會（諸如不列顛群島、法國北部、低地國與斯堪地那維亞國家），面臨貧、病或任何急難之不幸者若沒有家人可以協助，就會由教會、慈善團體、社區、地方政府或國家來救助（Laslett, 1980; Reher, 1998）。相對的，東方社會等擴展家庭盛行的地區，整個家族系統（kinship system）就是一個緊急救助的社會安全網與福利組織，因此社會福利制度的建構就相對較晚。核心家庭盛行的西北歐國家因為依賴家庭以外的集體社會力量來發揮救助功能，因此，以英國為例，早在 16 世紀就有《濟貧法》（*English Poor Laws*）的出現，其他與濟貧救難有關的社會福利制度也逐漸成為西歐國家的重要特色之一。

　　雖然家庭組成形式不等同於家庭成員間的緊密關係程度或互相照顧的意願，但相對說來，與子女同住的老人還是可以得到較多的照護，尤其是在科技發展程度尚低的前工業化時代，食衣住行的生活必需品都由手工完成，因此高度仰賴成年子女或親戚的協助。而這也是為什麼西北歐老人在退休契約中要詳細記載年度所需的食品與衣物、取暖用的木材以及外出或前往教堂等之交通接送（詳如附錄 1）。但是隨著醫療科技的進步，老人居住安排的選擇更加多元，沒有子女或親人同住的老人也能以不同方式得到應有的照顧。以臺灣為例，Chattopadhyay 與 Marsh（1999）分析 1963 及 1991 年臺北市 18 至 64 歲男性戶長對於父母的奉養態度與同居意願發現，認為兒子應與父母同住的比例由 1963 年的 76.6% 降為 1991 年的 56.7%，認為兒子必須負擔父母經濟的比例亦由 34.8% 降

為 8.6%；但在實際行動上提供經濟及其他協助給父母的比例卻由 1963 年的 69.6% 增為 1991 年的 79.6%。章英華（1994）、伊慶春與陳玉華（1998）的實證研究也都發現，願意提供年老父母經濟支助的比例大於願意與之同居共住。類似的狀況也發生在西班牙，將近 88% 的人認為應該照顧父母，而願意與父母同住的卻只有 65%（Arango & Delgado, 1995）。而這些態度與價值觀的改變，與女性教育水準的提升與家戶外勞動參與率的增加有密切的關係。

2-8 結語

進入 21 世紀以來，許多的研究均強調也以實證資料確認性別平權，尤其在家務分工與薪資所得層面上的差距，有助於生育率的提升，而生育率的有效提升有助於人口快速老化現象的減緩。根據 2019 年聯合國的高推估結果，全球老年扶養比（70 歲以上人口／20-69 歲工作人口）將由 2020 年的 10% 增為 2100 年的 22%，而較為悲觀的低推估結果則高達 40%，亦即屆時每 4.5 或 2.5 個工作人口要承擔 1 個 70 歲以上老人。

分析 1960 至 2007 年間 OECD 國家的人均所得與生育率，Luci-Greulich 與 Thévenon（2014）發現兩者間的關係成倒 J 形狀。在較低人均所得社會，兩者呈負向關係，但在高人均所得社會其關係轉為正向；不過作者也強調這兩者的關係也與婦女就業率有關，在高所得社會女性因為友善家庭政策的協助，因而得以兼顧家庭與工作，生育率才有回彈的機會；而在低人均所得社會，平均工時愈長的女性，平均生育率反而愈低。分析近年歐洲國家的婚姻、性別平權與生育率間關係，Esping-Andersen（2016）樂觀的認為隨著社會經濟的發展與性別平權水準的提升，婚姻與家庭的價值再度在歐

洲社會受到肯定，生育率也跟著提升，這個現象尤其出現在受過高等教育的人口群。但 Gaddy（2021）的研究卻顯示社會經濟發展與性別平權的提升，和過去 10 年來的生育率變化完全沒有關係。

　　生育率的提升固然可以有效減緩老年人口扶養比所造成的沉重社會壓力，但生育率的提升未必能強化家庭的養老功能。雖然男女兩性共同分擔家務工作與子女照顧責任已經逐漸成為社會共識，但婦女積極參與勞動市場也是不可逆的全球趨勢，家庭結構的核心化將是未來走向。英國學者紀登斯（Anthony Giddens）認為近代的家庭有如舊瓶新裝的空殼，名稱依舊但實質內容已然改變。近代的家庭或伴侶關係建立在親密的感情關係上，好的關係是平等的，需要互信互賴才能延續，而互信互賴的感情關係是一種「日常生活的情感民主」（Giddens, 1999；陳其邁譯，2001）。情感民主不僅適用於兩性關係，也可引用到親子關係層面上，因此，老年父母的照顧責任很難透過道德或責任義務的標準來要求成年子女的履行。老年人口的長照責任已經在許多國家轉變成社會共同承擔的風險，風險的解決或降低有賴於事先縝密的保險規劃，因為透過保險機制可以重新分配風險的傷害，而福利國家其實就是一種風險管理系統。風險的評估在於個人主觀的認定，所以，一個社會對於未來老年生活風險評估的高低，決定了其保險的額度與模式，也形塑了該社會的福利制度。而福利制度的形塑軌跡，往往就是家庭制度與社會文化價值觀的轉變過程。

附錄 1[3]
退休合同契約

案例 1. 瑞典東南海岸（1904 年）

我們夫妻同意將位於加洛 1 號（Gårö）之財產的十二分之一，賣給我們的兒子奧斯卡（Oskar），藉以取得以下物件安度晚年，並享有免費的照顧。

奧斯卡必須給付之年度物件如下：

1）免費使用位於底樓的兩個小房間以及部分的廚房、地窖和置材棚。

2）提供材質良好且乾燥的三堆冷杉木與二堆松木，並置放於置材棚內備用。

3）三桶黑麥與四桶馬鈴薯。

4）約從 5 月 1 日至 11 月 1 日的夏季期間，每天提供 1.5 罐甜牛奶；其他六個月中每天提供一品脫甜牛奶。

5）夏季與冬季各提供餵養一隻綿羊的飼料。

6）每年提供田園產品的四分之一。

以上年度給付物件項目，由每年 10 月 1 日起算，且所有物件都必須達到質量具足。

3　翻譯自 Gaunt (1983). The property and kin relationships of retired farmers in northern and central Europe, pp. 278-279.

案例 2. 芬蘭西北海岸（1816 年）

我們夫妻同意將位於新卡勒比教區（Nykarleby parish）的阿蘭特農場（Allandt farm）之二十四分之五送給我們的兒子喬納斯（Jonas）。

喬納斯必須將提供以下退休金（sytning）做為回報：

1）每年提供兩桶黑麥和兩桶大麥、一桶鹽醃鯡魚、一力司保（lispund）⁴的黃油、兩件襯衫、一雙長筒襪、一雙冬靴、一雙波斯尼亞鞋、一條條紋亞麻手帕、一件羽絨背心、以及兩卡普蘭（kappelands）⁵大小的土地以供栽種馬鈴薯，外加全年份的每日半罐甜飲與半罐酸奶。

2）每年秋天提供一隻品質良好可以宰殺的綿羊，聖誕節期間提供一罐 briinnvin 酒。

3）每三年一次，提供一件新的夾層毛衣和長褲，一條新的上教堂用的圍巾和亞麻長襯衫。

4）每六年一次，提供一件新的羽絨外套。

5）此外，還要提供上教堂、磨坊以及其他必要旅行時之交通接送。

另外，喬納斯必須給他的姊妹布里塔莉娜（Brita Lena）1,000元（dalers），外加一頭母牛和兩隻綿羊。這些物品可以在她結婚或我們去世時交給她，爾後她不再有其他繼承權。

我們倆人中任何一人去世後，喬納斯必須給他的姊妹瑪麗亞（Maria）如下物品：在她有生之年，每年一桶穀物、一頭牛和一

4　一力司保約 8.5 公斤。

5　一卡普蘭約 154.3 平方公尺。

隻綿羊供她使用、以及兩捆半的乾草。此外，還要一些黑麥秸稈、大麥秸稈以及一桶半的穀殼當作牛隻與羊隻的年度飼料。但是如果她結婚了，就無需提供乾草和其他飼料。如果她仍留在農場，她每年可獲得 8 元的工資、住宿房間和暖氣。

我們的女婿安德斯（Anders）搬入農舍後，喬納斯必須給他兩頭牛和兩小兩大的綿羊。

除了三分之一的布蘭文（brannvin）釀酒廠，喬納斯可繼承所有的動產，包括所有的家禽與家畜以及農場設施等。如果喬納斯將農場轉交給陌生人，其他繼承人有權按照上述條款收回全部財產。

案例 3. 丹麥西蘭島（Northern Zealand）（1785 年）

我們所擁有的根措夫特（Gentofte）農場將以 100 里格斯拉德（rigsdaler）[6] 賣給女婿彼得（Peder）。我們保留使用舊的大房子的權利，而彼得可以在農場內另外加蓋一棟新房子自住。

每年彼得必須支付以下物品做為我們的退休金：

1）20 里格斯拉德現金。

2）三桶優質黑麥粉。

3）三桶以優質麥芽釀造的啤酒。

4）一桶未磨黑麥。

5）一桶大麥。

6）一桶燕麥。

7）四隻肥鵝。

8）四隻至少餵養過一個冬季與夏季的羊。

6　里格斯拉德為丹麥 1625-1873 年間的幣值單位。

　9）二頭新鮮的豬肉。

10）一桶優質黃油。

　此外，每天提供二罐泌乳中奶牛的牛奶和八根泥炭。另外，亦須提供清潔且品質良好的毛料與亞麻布料衣物。

參考文獻

安東尼‧紀登斯（Anthony Giddens, 1999），陳其邁譯（2001）。《失控的世界：全球化與知識經濟時代的省思》。臺北市：時報文化。

伊慶春、陳玉華（1998）。〈奉養父母方式與未來奉養態度之關聯〉，《人口學刊》，19: 1-32。

柯瓊芳（2002）。〈誰來照顧老人？歐盟各國奉養態度的比較分析〉，《人口學刊》，24: 1-32。

章英華（1994）。〈變遷社會中的家族組成與奉養態度—台灣的例子〉，《社會學刊》，23: 1-34。

費孝通（1983）。〈家庭結構變動中的老年贍養問題—再論中國家庭結構的變動〉，《北京大學學報》，3: 6-15。

陳寬政、賴澤涵（1979）。〈我國家庭制度的變遷—家庭形式的歷史與人口探討〉，《中央研究院三民主義研究所專題選刊 26》。臺北：中央研究院三民主義研究所。

Arango, J., & Delgado, M. (1995). Spain: Family policies as social policies. *European Journal of Population*, 10: 197-220.

Berkner, L. K. (1972). The stem family and the developmental cycle of the peasant household: An eighteenth-century Austrian example. *The American Historical Review*, 77, 2: 398-418.

Chattopadhyay, A., & Marsh, R. (1999). Changes in living arrangement and familial support for the elderly in Taiwan: 1963-1991. *Journal of Comparative Family Studies*, 30, 3: 523-537.

Ehmer, J. (1998). *House and the stem family in Austria.* Paper presented at session C18, The stem-family in Eurasian perspective, as domestic unit of production and reproduction, facing economic and social change, of the Twelfth International Economic History Congress, Seville.

Esping-Andersen, G. (2016). *Families in the 21st century*. Stockholm, Sweden: SNS förlag.

EVS (2016). European Values Study 2008: Integrated Dataset (EVS 2008). GESIS Data Archive, Cologne. ZA4800 Data file Version 4.0.0, doi: 10.4232/1.12458.

EVS (2020). European Values Study 2017: Integrated Dataset (EVS 2017). GESIS Data Archive, Cologne. ZA7500 Data file Version 4.0.0, doi: 10.4232/1.13560.

Gaddy, H. G. (2021). A decade of TFR declines suggests no relationship between development and sub-replacement fertility rebounds. *Demographic Research*, 44: 125-142.

Gaunt, D. (1983). The property and kin relationships of retired farmers in northern and central Europe. In R. Wall, J. Robin, & P. Laslett (Eds.), *Family forms in historic Europe* (pp. 249-279). Cambridge University Press.

Glass, D.V. (1966). *London inhabitants within the walls, 1695* (Vol. 2). Leicester: London Record Society.

Goody, J. (1983). *The development of the family and marriage in Europe*. Cambridge: Cambridge University Press.

Hajnal, J. (1965). European marriage patterns in perspective. In D.V. Glass & D.E.C. Eversley (Eds.), *Population in History: Essays in Historical Demography* (pp. 101-143). London: Edward Arnold.

Hajnal, J. (1982). Two kinds of preindustrial household formation system. *Population and Development Review*, 8, 3: 449-494.

Kertzer, D. I. (1989). The joint family household revisited: Demographic constraints and household complexity in the European past. *Journal of Family History*, 14, 1: 1-15.

Kussmaul, A. (1981). *Servants in husbandry in early modern England*. Cambridge University Press.

Lang, O. (1946). *Chinese family and society*. New Haven: Yale University Press.

Laslett, P. (1977). *Family life and illicit love in earlier generations: Essays in historical sociology*. Cambridge: Cambridge University Press. doi: 10.1017/CBO9780511522659.003

Laslett, P. (1980). Characteristics of the Western European family. *The London Review of Books*, 2, 20: 7-8.

Le Play, F. (1895). *L'organisation de la famille selon le vrai modèle signalé par l'histoire de toutes les races et de tous les temps*. A. Mame et fils (Tours).

Levy, M. J. (1965). Aspects of the analysis of family structure. In A. J. Coale, L. A. Fallers, M. J. Levy, D. M. Schneider, & S. S. Tomkins (Eds.), *Aspects of the analysis of family structure* (pp. 1-63). Princeton: Princeton University Press.

Luci-Greulich, A., & Thévenon, O. (2014). Does economic advancement 'cause' a re-increase in fertility? An empirical analysis for OECD countries (1960–2007). *European Journal of Population*, 30: 187-221.

Macfarlane, A. (1992). On individualism. *Proceedings of the British Academy,* 82: 171-199.

Mogey, J. (1955). The contribution of Frédéric Le Play to family research. *Marriage and Family Living*, 17, 4: 310-315.

Plakans, A. & Wetherell, C. (2005). The Hajnal line and Eastern Europe. In T. Engelen & A. P. Wolf (Eds.), *Marriage and the Family in Eurasia: Perspectives on the Hajnal Hypothesis* (pp. 105-126). Amsterdam: Aksant.

Reher, D. S. (1998). Family ties in Western Europe: Persistent contrasts. *Population and Development Review*, 24, 2: 203-234.

Ruggles, S. (2009). Reconsidering the Northwest European family system: Living arrangements of the aged in comparative historical perspective. *Population and Development Review*, 35, 2: 249-273.

Ruggles, S. (2010). Stem families and joint families in comparative historical perspective. *Population and Development Review*, 36, 3: 563-577.

Wheaton, R. (1975). Family and kinship in Western Europe: The problem of the joint family household. *The Journal of Interdisciplinary History*, 5, 4: 601-628.

Wrigley, E. A. (1969). *Population and history*. London: Weidenfeld and Nicolson.

第三章
高齡化社會的老人圖像

　　老是個相對名詞，是相對於年輕而來的。根據字義，老人是指年紀大的人。而年紀是用以計算一個人存活時間的單位，因此年紀大的人，就是存活時間較長的人。由於生命的週期是一個漸變的過程，存活多久才算老人卻沒有絕對的界定標準，會因時空或文化差異而有所不同。有些社會認為擁有某種社會角色（如祖父、祖母身分）就是老人，有的人則認為退出職場是邁入老年的開始。多年來聯合國及已開發國家將老人定義為 65 歲以上的人群，究其主要原因可能源自於 19 世紀末的德意志帝國，當時的宰相俾斯麥（Otto Eduard Leopold von Bismarck）將 65 歲訂為公務員與勞工等領取退休金接受政府照顧的開始，爾後許多國家也沿用這個標準作為給付老年相關補助的依據；其次，多數人傾向於將退出職場領取養老金視為老年的開始；第三，實證研究顯示，心智體能、罹病率與死亡率到 65 歲以後會明顯增加。

　　但是在人類發展指數較低的社會，出生年月日的記載未必準確，年齡的指標性意義相對不重要；此外，這些社會的平均餘命不及 65 歲，因此降低年齡標準或改以社會角色的取得成為常用的替代定義。分析 2018 年歐洲社會調查（European Social Survey, ESS2018）資料，歐洲 27 個國家[1]對於「老年」的平均界定年齡介

---

1 奧地利、比利時、保加利亞、克羅埃西亞、賽普勒斯、捷克、愛沙尼亞、芬蘭、法國、德國、匈牙利、愛爾蘭、義大利、拉脫維亞、立陶宛、荷蘭、波蘭、葡萄牙、斯洛伐克、斯洛維尼亞、西班牙、瑞典、英國、蒙特內哥羅、挪威、塞爾維亞與瑞士。

於 61 歲（克羅埃西亞）至 72 歲（義大利）之間。整體而言，超過
四分之一（27%）的受訪者界定 70 歲以上者為老人，其次為 60 歲
（14%）或 65 歲（14%）以上者，再次為 80 歲以上者（12%），另
有 11% 的受訪者界定 75 歲以上者為老人。進一步分析發現，界定
老人的年齡會隨著年齡的增加而延後，如圖 3-1 所示，界定 60 歲
以上為老人者的比例隨著年齡的增加而減少（由 30 歲以下的 23%
減為 65 歲以上的 9%），而界定 80 歲以上為老人者的比例則隨著
年齡的增加而增加（由 30 歲以下的 6% 增為 65 歲以上的 16%）。

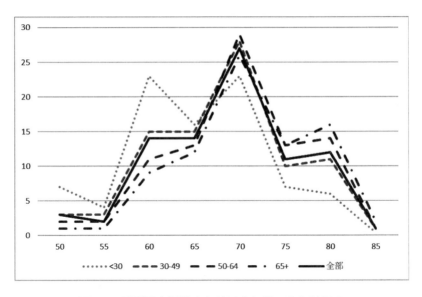

圖 3-1　歐洲國家對於老年的界定年齡：依年齡組分

　　Rubin 與 Berntsen（2006）的研究顯示，成年人的主觀自覺年
齡會比客觀實際年齡年輕 20% 左右，而且這個比例會隨著年齡的
增加而增加。Taylor 等學者（2009）研究分析美國 2,969 個 18 歲
以上人口對於年齡、老化與老人的相關態度顯示，18-29 歲年齡組

的自覺年齡與實際年齡相近，但隨著年齡的增加，自覺年齡與實際年齡間的差距逐漸拉大，65 歲以上人口群中有 60% 認為自己比實際年齡年輕，32% 覺得自己與實際年齡相符，另 3% 認為自己比實際年齡還老。如圖 3-2 所示，18-29 歲年齡組的自覺平均年齡（24 歲）與實際平均年齡（23 歲）多 1 歲，但 75 歲以上人口群的平均自覺年齡（71 歲）卻比實際平均年齡（82 歲）少了 11 歲。相關研究顯示老年人低估自己的實際年齡其實有益於個人健康與福祉（Kotter-Gruhn et al., 2009; Mock & Eibach, 2011; Montepare & Lachman, 1989）。而人之所以不認同於自己所屬的實際年齡群組，

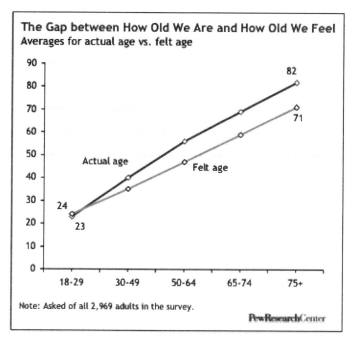

圖 3-2　美國實際年齡與自覺年齡間的差異

資料來源：Taylor et al. (2009), p. 3.

與該年齡群組的負面形象有關，因為絕大多數的人不喜歡被歸類在負面形象的群組。例如青少年會高估自己的年齡，因為不喜歡被歸類為幼稚無知的年齡群組，而老年人傾向於低估自己的年齡則與老年人口的整體負面形象有關，諸如皺紋、白髮、有體味、囉唆、保守、吝嗇、疾病、聽不見、看不清楚與行動緩慢等。

嚴格說來，老年身分的界定是為了配合現代國家的行政目的，基於分配正義，政府需要擬定原則與政策以便適切配置社會資源。因此，除了性別考量外，最基本的分類便是將總人口依照年齡大小區分成幼年人口（0-14 歲）、青壯年人口（15-64 歲）以及老年人口（65 歲及以上）。這些年齡分組的邊界基本上是人為的，具有彈性移動的特性，因此會依實際需要而做調整分割，例如青壯年人口的界定，多數國家以 15-64 歲為界，但有些歐盟成員國以 20-64 歲為範圍。又例如西非國家，2019 年的平均餘命約在 55-73 歲之間，因此世界衛生組織（World Health Organization）多以 60 歲作為該地區老人的界定標準。青壯年人口又稱工作人口，是社會勞動力的主要來源，幼年人口與老年人口則因為生產力相對較低，也被稱為（經濟）依賴人口。經濟依賴人口比例愈高，社會所需配置的福利相關資源也愈多。

3-1 老年扶養比與預期老年扶養比

隨著醫療科技的發達、健康狀況的改善以及平均餘命的增加，愈來愈多的國家開始檢視以 65 歲做為老人之界定標準的適用性。以歐盟 28 個成員國中人口老化程度最高的義大利為例，2019 年 0 歲的平均餘命分別為男性 81.4 歲、女性 85.7 歲；65 歲老人的平均餘命則分別為男性 19.7 年、女性 22.9 年（Eurostat, 2021a）。若

以 65 歲作為老人的界定標準，則義大利男女兩性將分別有 19.7 年與 22.9 年的老年生涯。然而義大利 65 歲老人的平均健康餘命分別為男性 10.6 年、女性 10.2 年（Eurostat, 2021b），也就是說，義大利 65 歲男女兩性老人平均仍分別有 10.6 年與 10.2 年免於失能的健康歲月，若老年是依賴協助、無法獨立自主生活的生命階段，則義大利老人的界定標準至少可以延長至 75 歲。聯合國出版的《世界人口高齡化》（United Nations, 2017; 2019）報告書中也強調，以特定年齡（如 65 歲）作為界定老年的依據，是一種逆向（backward）衡量方法，關注的是已經存活了幾年，但卻忽略了未來還有多少年存活的正向（forward）衡量概念。Sanderson 與 Scherbov（2005; 2007）建議在規劃老年相關政策時，應該以「預期老年」（prospective old-age）作為老年的開始，並以「預期老年扶養比」（prospective old-age dependency ratio）取代傳統的老年扶養比（old age-dependency ratio），以作為整體社會福利政策規劃的依據。

　　「預期老年」的界定標準並非普世皆同，會因時因地而有差異。根據 Sanderson 與 Scherbov 的精算，老年人口明顯出現依賴需求的歲數大約在生命結束前的 15 年，因此「預期老年」的界定年齡應該在平均餘命仍有 15 年的年齡。以臺灣為例，2018 年 0 歲的平均餘命為 80.69 歲，平均餘命最接近 15 年的年齡為 72 歲，因此 72 歲為臺灣「預期老年」的開始，也是做為「預期老年扶養比」（或預期扶老比）的計算依據。2001 年臺灣 0 歲的平均餘命為 76.75 歲，當時平均餘命最接近 15 年的年齡為 69 歲，因此 69 歲為 2001 年臺灣「預期老年」的開始。圖 3-3 所示為 2001 至 2018 年臺灣 0 歲平均健康餘命與平均餘命最接近 15 年的年齡，兩者間的差距歷年來都在 1 歲以內，未來在「預期老年」的界定上，可以考慮以 0 歲健康餘命取代之。

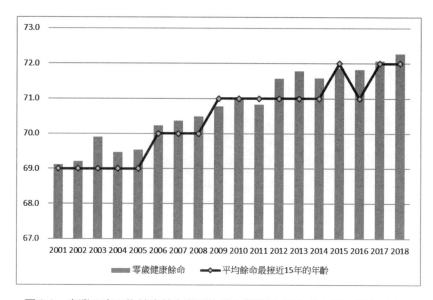

圖 3-3　臺灣 0 歲平均健康餘命與平均餘命最接近 15 年的年齡：2001-2018

資料來源：衛生福利部統計處（2021），健康平均餘命指標資料表。
　　　　　內政部統計處（n. d.），歷年簡易生命表。

　　傳統老年扶養比的計算公式是以 65 歲以上老年人口總數除以
15 至 64 歲的工作人口總數。但 Sanderson 與 Scherbov 所建議的
「預期老年扶養比」則是以「預期老年」以上人口總數除以工作人
口總數（20 歲至預期老年－ 1 歲）。換句話說，隨著老年人口健康
狀況的改善以及義務教育年數的增加，工作人口的起始年齡應該由
14 歲提升為 20 歲、結束年齡則順延至「預期老年」之前。2019 年
臺灣的「預期老年」為 72 歲，「預期老年扶養比」為 10%，亦即
每 100 個 20 至 71 歲的工作人口扶養 10 個 72 歲以上的老人；傳統
的老年扶養比為 21%，亦即每 100 個 15 至 64 歲的工作人口扶養
21 個 65 歲以上的老人。

　　圖3-4所示為2015年歐盟25個成員國（盧森堡、馬爾他與賽普勒斯三個國家的資料從缺）的老年扶養比與「預期老年扶養比」（Rychtaříková, 2019）。聯合國統計資料也顯示（United Nations, 2019），2019年「預期老年扶養比」最高的10個國家中有9個在歐洲，依序為：保加利亞（30%）、塞爾維亞（27%）、烏克蘭（26%）、克羅埃西亞（25%）、拉脫維亞（25%）、喬治亞（24%）、羅馬尼亞（23%）、匈牙利（22%）與德國（22%）。唯一列入前十大的非歐洲國家為日本,「預期老年扶養比」為22%。至2050年，全球十大「預期老年扶養比」國家仍以歐洲國家居多，尤其是南歐的義大利（35%）、葡萄牙（33%）與希臘（32%），以及東歐的保加利亞（36%）、烏克蘭（33%）與羅馬尼亞（33%）；而唯一排名十大的亞洲國家為南韓（34%）。

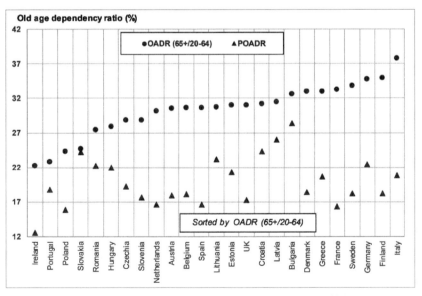

圖 3-4　2015 年歐盟成員國的老年扶養比與預期老年扶養比

資料來源：Jitka Rychtaříková (2019), 頁4圖2。

3-2 老人的法定退休年齡與就業狀況

　　雖然老年的界定標準常因社會文化與人口狀況的不同而有差異，且多數人都將法定退休年齡視為老年的開始，但隨著健康狀況的改善與平均餘命的延長，主觀的老年界定標準與法定的退休年齡都逐年延後。根據歐洲統計局資料（Eurostat, 2021c），個人擬欲退出職場的年齡多低於該國退休年金的給付年齡。如表 3-1 所示，28 個成員國中法定退休年齡以奧地利與波蘭女性最低（60 歲）、希臘與義大利最高（男女兩性皆在 67 歲）；大多數國家的法定退休年齡並無性別差異，但仍有 5 個國家的女性退休年齡低於男性，分別為立陶宛（相差 1 歲）、克羅埃西亞（相差 2.5 歲）、羅馬尼亞（相差 3 歲又 7-9 個月）、奧地利與波蘭（相差 5 歲）。資料同時顯示，男性擬欲退出職場的年齡介於 57.6 歲（賽普勒斯）至 64.3 歲（丹麥）之間，女性年齡則介於 56.2 歲（馬爾他）至 63.7 歲（丹麥）之間（詳見表 3-1 欄 2）。整體而言，除了荷蘭以外，擬欲退出職場的年齡都是男性略高於或相近於女性。此外，絕大多數成員國的男性受訪者都認為自己還可以繼續工作 2 至 6 年（約工作到 62 歲至68 歲），女性為 1 至 7 年（約 61 歲至 67.1 歲）（詳見表 3-1 欄 3）。

　　然而隨著平均餘命的延長，基於人口老化所導致的勞動力短缺與養老年金給付所需經費的快速提升，愈來愈多的歐盟國家鼓勵高齡人口繼續就業，並逐步提高符合請領養老給付的年齡。根據2010 年歐盟執委會（European Commission）所策劃的「歐洲 2020策略」，為了達成智能、永續與包容性成長（Smart, Sustainable, and Inclusive Growth），歐洲國家必須於 2020 年達成五大重要目標以提升國際經濟競爭力，其中兩大目標與就業率提升有直接關係[2]，

---

2 另外三大目標為：1）至少投資 3% GDP 於研發領域；2）降低溫室氣體排放，至少要比 1990 年低 20%；3）受貧窮威脅或社會排除人口必須低於 2,000 萬。

表 3-1　2020 年法定年金給付年齡與 2015 年擬欲退出職場年齡：依性別分

	您希望工作到幾歲？		您認為到幾歲您仍有能力從事類似目前的工作？		2020年的法定年金給付年齡	
	男性	女性	男性	女性	男性	女性
比利時	60.6	59.9	64.2	63.2	65歲	65歲
保加利亞	59.9	58.2	63.9	62.0	66歲又6個月	66歲又6個月
捷克	61.3	59.7	64.0	62.9	63歲又8個月	63歲又8個月
丹麥	64.3	63.7	67.6	66.4	66歲	66歲
德國	62.4	61.5	64.6	63.7	65歲又8個月	65歲又8個月
愛沙尼亞	62.4	62.0	64.1	63.3	63歲又6個月	63歲又6個月
愛爾蘭	62.2	60.2	65.5	64.4	66歲	66歲
希臘	60.1	58.0	62.0	61.0	67歲	67歲
西班牙	60.9	60.3	63.8	63.2	65歲又10個月	65歲又10個月
法國	60.3	60.0	63.4	62.2	66歲又7個月	66歲又7個月
克羅埃西亞	60.9	58.8	64.5	63.0	65歲	62歲又6個月
義大利	61.0	59.4	64.8	63.9	67歲	67歲
賽普勒斯	57.6	56.9	63.8	62.6	65歲	65歲
拉脫維亞	60.4	58.5	66.3	65.5	63歲又9個月	63歲又9個月
立陶宛	61.0	59.5	63.1	62.8	64歲	63歲
盧森堡	59.2	58.6	63.4	61.8	65歲	65歲
匈牙利	60.1	58.3	62.1	61.0	64歲又6個月	64歲又6個月
馬爾他	59.1	56.2	62.6	61.7	63歲	63歲
荷蘭	61.6	62.3	67.7	66.6	66歲又4個月	66歲又4個月
奧地利	59.9	57.5	63.7	61.8	65歲	60歲
波蘭	58.6	57.3	63.2	62.4	65歲	60歲
葡萄牙	62.8	62.2	65.8	64.4	66歲又5個月	66歲又5個月
羅馬尼亞	59.2	58.6	63.2	62.0	65歲	61歲又3-5個月
斯洛維尼亞	58.2	56.6	63.6	62.4	65歲	65歲
斯洛伐克	60.4	59.1	62.6	61.5	62歲又6-8個月	62歲又6-8個月
芬蘭	62.2	62.3	65.3	64.1	65歲	65歲
瑞典	63.3	62.8	68.0	67.1	65歲	65歲
英國	61.3	60.7	65.6	64.6	65歲又7-12個月	65歲又7-12個月

資料來源：Eurostat (2021c), p. 19, Table 1.

分別為：1）20-64 歲男女兩性的就業率達 75%，但歐盟各會員國可以依照各國狀況設定預期達成的就業率，例如義大利的目標為 67%，瑞典的目標為 80%（詳見附錄表 A）；2）初級教育的輟學

率低於 10%，且 30-34 歲人口群中具有高等教育程度者至少要占
40% 以上；此舉的目的在於透過教育的提升以增加就業機會。

　　為了達成高就業率目標，歐盟各成員國除了積極鼓勵女性參
與勞動市場外，也鼓勵高齡就業，尤其是 50-64 歲人口群。歐盟統
計資料顯示，28 個成員國中 55-64 歲的就業率由 2010 年的 46.2%
增為 2019 年的 60.0%，其中女性的增幅尤其明顯，由 38.4% 增為
53.7%，男性的增幅較低，由 54.4% 增為 66.6%；但整體而言，男
性的就業率仍然高出女性，不過男女兩性就業率間的差距已經由
2010 年的 16 個百分點縮小為 2019 年的 12.9 個百分點（Eurostat,
2021c）。此外，65 歲以上人口的就業率也逐年提高，男性由 2010
年的 6.8% 增為 8.9%，女性由 3.2% 增為 4.4%。2019 年歐盟 28 個
成員國的 65 歲以上高齡人口就業率以愛爾蘭男性最高（17.3%），
女性則以愛沙尼亞最高（12.8%）；男性就業率最低的國家為西班
牙（3.2%），女性最低為西班牙與比利時（均為 1.8%）。

3-3 老人的健康狀況與居住安排

　　根據歐洲統計局資料，2019 年歐盟 28 個成員國中，16 歲以上
人口中有將近 70% 的人自評健康狀況為好或非常好，22% 認為普
通，7% 認為不好或非常不好。歐盟統計資料顯示，28 國中以愛爾
蘭的健康狀況最好，84% 的人認為自己的健康為好或非常好，最
低的是立陶宛，只有 46% 的人自評為好或非常好。65 歲以上人口
中則有 43% 的人自評健康狀況為好或非常好，且女性自評健康狀
況為好或非常好的比例略低於男性（分別為 40% 與 45%）。若進一
步再依性別與年齡組來看，所有年齡組都是女性的自評健康狀況低
於男性，且隨著年齡的增加健康狀況明顯下降，在 65-74 歲年齡組

中仍有將近一半人口的健康狀況是好或非常好的，但到 75-84 歲年齡組降為 40% 以下，85 歲以上年齡組只有四分之一左右的人之自評健康狀況為好或非常好（Eurostat, 2021d）。

在慢性病的罹患率方面，性別差異不大，但隨著年齡增加而有明顯增加的趨勢。2019 年，初老人口群（65-74 歲）的慢性病罹患率分別為男女兩性均為 56%，中老人口群（75-84 歲）分別增為 64% 與 68%，到老老人口群（85 歲以上）再增為 71% 與 74%（Eurostat, 2021d）。若就老人日常生活自理能力來看，低於一半（48%）的 65 歲以上老人會因為健康狀況而有長期生活自理能力障礙，且女性（51%）的障礙率高於男性（44%）。同樣的，障礙率隨著年齡的增加而增加，由 16-24 歲年齡組的 9%，逐步增加到 65-74 歲的 39%、75-84 歲的 55% 以及 85 歲以上的 71%，而且女性的障礙率均高於男性（Eurostat, 2021e）。

綜觀上述自評健康狀況與日常生活自理能力不難發現，65 歲以後自評健康狀況與生活自理能力已開始明顯下降，至 75 歲以後下降趨勢益發明顯。因此，就政策層面來考量，需要開始提供生活照顧的年齡應該在 70-75 歲之間，這個數據與前述 Sanderson 與 Scherbov 所建議的「預期老年」的界定不謀而合，應該將之視為老年照護相關政策擬定的重要參考依據。

在居住安排方面，自 2010 年以來，歐盟 28 個成員國 65 歲以上老人的變化不大，根據歐洲統計局資料（Eurostat, 2021f），2019 年歐盟老人以與配偶（含同居關係）同住為大宗（47.8%），其次為獨居（32.8%），再次為與配偶及其他成員同住（10.1%），最末為其他（9.2%）。男女兩性在居住安排上有極大的差異，女性老人獨居的比例（40.6%）幾乎是男性（23.0%）的兩倍，但與配偶同

住的比例（40.1%）比男性老人（57.7%）少了將近 18 個百分點。這個性別差異主要導因於女性平均餘命高於男性，且妻子的年齡多低於丈夫，因此男性老人多能與妻子白頭偕老，而女性老人往往是以未亡人身份獨居以終。反觀臺灣狀況，65 歲以上老人的居住安排以與子孫多世代同住為主（66%），其次為僅與配偶（或同居人）同住（20%），獨居的僅占 9%。同樣的，獨居比例以女性居多（11%，男性為 7%），而僅與配偶（或同居人）同住的則以男性居多（25%，女性為 16%）。

歷史人口學家的研究顯示，18 世紀以來西北歐國家盛行核心家庭制，東歐及南歐地區則傾向於實行擴展家庭制。核心家庭的生命週期是始於年輕夫婦成家，然後因為新生子女的加入而擴展成兩代家庭，之後經過約 20 年的穩定育養子女期，接著會因為子女的長大先後離家而又回到夫婦兩人的空巢期，最後則因為夫婦一方的過世而進入喪偶獨居期或轉成與子女同住期。若將老人獨居或與配偶同住視為核心家庭的最後階段，則無論男女，獨居和與配偶同住的比例都以盛行核心家庭制的西北歐國家較高（如丹麥、荷蘭、瑞典、德國、法國與芬蘭等），而以東歐或南歐國家的比例較低（如斯洛伐克、波蘭、西班牙、希臘與羅馬尼亞等）。整體而言，28 個成員國中女性獨居比例最高的國家為丹麥（55.0%）、最低的為賽普勒斯（22.5%）；男性獨居比例最高的國家也是丹麥（37.0%）、最低的也是賽普勒斯（8.8%）（Eurostat, 2021f）。

3-4　老人意象

　　老化雖然是每個人必經的生命過程，但高齡人口在社會中的自我表述與呈現，以及其他年齡層人口群對其所呈現之外顯形象的感受與詮釋，會因時空等文化因素而有所不同。就客觀面向而言，如前所述，高齡人口的健康狀況與行動能力會隨著歲月的增長而呈下滑趨勢，社會參與層面的深度與廣度也會因為退出職場而有所不同。因此近代社會的老人多被形塑成保守、節儉、跟不上時代、健忘、囉唆、難溝通、動作緩慢、視覺與聽覺能力下降、以及病痛纏身等負面形象；當然也有慈祥、溫和與有耐性、有人生智慧等正面形象。

　　分析 2008 年歐洲社會調查資料，van den Heuvel 與 van Santvoort（2011）與 Vauclair 等（2016）的研究均顯示，老人自覺受到年齡歧視的比例會隨著社會敬老文化程度的增加而下降。雖然一般多認為東北亞地區的儒家孝道文化、印度的大家庭制度以及穆斯林教義的重視敬老價值觀，有助於維持東方老人在社會中的崇高地位，而西方社會的個人主義與重視社會生產，則無助於退出職場老人的社會地位與形象之維持或提升。但 North 與 Fiske（2015）分析 1984-2014 年間發表的 37 篇比較東西方老人社會地位的量化研究論文後，將之歸納成三種結論：第一種結論，強調在人口快速老化以及快速現代化社會中，老人所能提供的生命經驗與生活智慧被新興的科技與物質文明所取代，老人的實質社會貢獻不再受到肯定，復加上存活依賴時間延長，老人的崇高社會地位受到挑戰。第二種結論，主張東西方社會老人的社會地位都會因為工業化的影響而趨於低下，因此工業化程度愈高的社會老人社會地位愈低。第三種結論，認為東方社會由於快速的都市化、人口老化與少子化，導

致家庭無力承擔年老父母的奉養責任，而相關福利政策又沒有即時補位，致使老人的社會地位低於西方已開發社會。North 與 Fiske（2015）進一步分析比較這些研究後，認為老人的社會地位與現代化程度成 J 型關係，低現代化社會仍保有傳統敬老價值，因此老人的社會地位比較崇高；但隨著現代化程度的快速發展，老人的生活經驗與智慧被現代科技與物質文明所取代，其社會地位因而隨之遞減；而在高度現代化社會，老人因為相對充裕的養老給付與相關福利措施，心智功能與身體健康狀況也因為醫療科技的提升而明顯改善，因此得以維持較為正面的形象，社會地位相對受到敬重。

　　根據 2010-2014 年世界價值觀調查（World Values Survey, Inglehart et al., 2018）資料，分析一項以 1 為最低 10 為最高的社會位階（social position）指標發現，全球 60 歲或 70 歲以上老人的社會位階（平均為 5.76），普遍低於 40-49 歲中年人的社會位階（平均值為6.90），但卻與 20-29 歲年輕人的社會位階相當（平均值為 5.68）。進一步比較該資料中的臺灣、日本、韓國（又稱南韓）與 9 個歐盟成員國（瑞典、荷蘭、德國、西班牙、斯洛維尼亞、愛沙尼亞、波蘭、羅馬尼亞與賽普勒斯）發現，12 個國家中以臺灣老人的社會位階最高（平均值為 6.51）而以愛沙尼亞的位階最低（平均值為3.80）（詳見圖 3-5）。資料同時顯示，日本與韓國老人的社會位階不如德國、賽普勒斯、斯洛維尼亞與荷蘭等歐洲國家，顯然儒家的孝道文化無法完全解釋這其中的差異。但同樣是快速人口老化的台灣、日本與韓國，老人社會位階也有相當大的差異（分別為 6.51、4.98 與 4.38）；而被認為現代福利國家典範的瑞典，其老人社會位階（4.28）竟然幾乎敬陪末座。

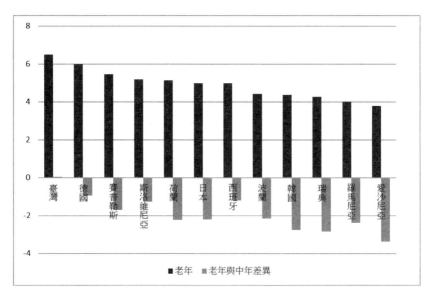

圖 3-5　老年人的社會位階及其與中年人社會位階的差異

　　若進一步分析相對於 40-49 歲中年人的社會位階，老年人的社會位階若何？如圖 3-5 所示，臺灣老人的社會位階最高，其與中年人的社會位階幾乎沒有差異，而其他 11 個國家老人的社會位階均不如中年人，且老人社會位階愈低的國家其老人與中年人社會位階的差異也愈大。整體而言，老年人社會位階相對較高的社會，老人所受到的尊敬程度也較高。但老人受到尊重未必表示一般大眾對其能力的肯定，根據世界價值觀調查資料，當被問及「您認為一般社會大眾對於 30 歲的人當老闆或上司的接受度為何」，以及「您認為一般社會大眾對於 70 歲的人當老闆或上司的接受度為何」（1 表示完全無法接受，10 表示完全接受），如圖 3-6 所示，12 個國家中有 8 個國家是 30 歲老闆或上司的接受度高於 70 歲老闆或上司；而明顯 70 歲老闆或上司接受度高於 30 歲老闆或上司接受度的國家只有臺灣與日本，德國與韓國則有相似的接受度。後共產社會對於 30

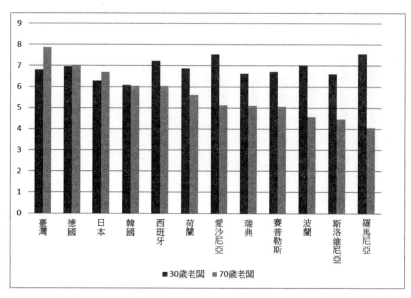

圖 3-6　30 歲老闆或上司與 70 歲老闆或上司的接受度

歲老闆或上司的高接受度，反映的是快速現代化社會中年輕主管可以掌握較多的科技新知，有助於社會競爭力的提升；也可能反映的是對於舊社會高齡領導階層的不信任。

　　另外一個值得探究的議題是，到底老人在社會中的形象是正面居多或負面居多。根據世界價值觀調查資料，在老人是「友善的」、「能幹的」與「受到尊重的」等三個正面形象的面向來看，如圖 3-7 所示，臺日韓與歐盟 9 個成員國中，除了日本、瑞典、荷蘭與西班牙以外，都是認為「老人是受到尊重的」比例明顯高於友善與能幹兩個面向；而友善面向的認可率又高於能幹面向。至於老人的負面形象可以從「領取過多政府資源」、「有太大的政治影響力」以及「是社會負擔」等三個面向來討論。如圖 3-7 所示，多數國家同意或非常同意老人有太大的政治影響力，其次為享用過多的政府資源，最末才是「成為社會負擔」。老人之所以被認為擁有太大

的政治影響力，可能與老人的高投票率所導致的政策導向有關；至於老人的享用過多政府資源，主要導因於壽命延長與提早退休所引起的沈重年金給付與相關老人福利設施等的經費支出。相對說來，多數國家均不認為老人是社會的負擔，但臺灣的狀況卻非常特殊，如前所述，臺灣老人的社會位階在 12 個國家中最高，認為臺灣老人是受到敬重的比例也高於日本、南韓與部分歐洲國家，但在老人是社會負擔的面向上卻排名第三高（21%），僅略低於斯洛維尼亞（23%）與波蘭（22%），這可能與 2010 年前後臺灣社會熱烈討論人口老化與年金改革議題有關。此外，老人是「社會負擔」的印象有可能是源之於「老人是家庭負擔」意象的延伸，因為在少子化社會高齡老人若沒有相關福利設施的協助，老人容易成為家庭的沉重負擔。

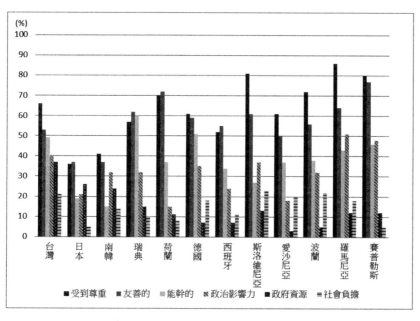

圖 3-7　老人在社會中的正面與負面形象

　　上圖所示為一般社會大眾對於老人的看法，至於 60 歲以下人口對於老人的看法是否與 60 歲以上老人的看法相同呢？如圖 3-8 所示，就正面形象（老人是受到尊重的、是友善的、是能幹的）而言，除了南韓與瑞典以外，所有國家的老人都覺得自己受到尊重的比例遠低於 60 歲以下較年輕世代的看法；而在「老人是友善的」面向上，則除了南韓、瑞典、德國與羅馬尼亞以外，都是老年人的同意率低於較年輕世代；至於「老人是能幹的」的看法上，則除了南韓、西班牙與波蘭三國沒有世代差異外，都是老人世代的同意率高於較年輕世代。

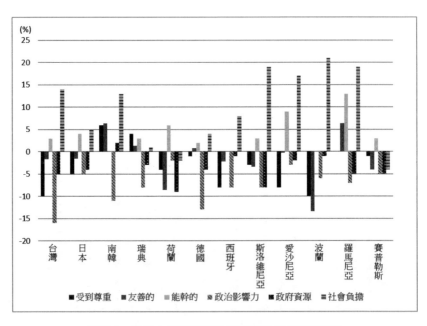

圖 3-8　老年人與較年輕世代對於老人意象的差異

　　在老人的負面形象方面（老人有太大的政治影響力、老人享用過多政府資源、老人是社會負擔），12 個國家中除了荷蘭與賽普勒

斯以外，老人世代認為老人是社會負擔的比例均遠高於較年輕世代，而在老人享用過多政府資源議題上，只有南韓老人的同意率高於較年輕世代；至於老人有太大的政治影響力，則是所有國家老人的支持率均低於較年輕世代。

　　整體而言，相較於較年輕群體，有較高比例的老人世代支持老人的正面形象，諸如老人是能幹的、老人沒有享用過多的政府資源、老人也沒有太大的政治影響力，但卻有老人沒有受到尊重、老人是社會負擔的怨懟想法。對於較年輕世代而言，雖然仍然有較高比例認同老人是友善而能力低的刻板化印象，但卻認為老人是受到尊重的。年輕世代也有較高比例認為老人有太大的政治影響力與享用過多的政府資源，但並沒有太高比例的人認為老人是社會負擔。值得特別注意的是世代間的看法差異，尤其是年輕世代認為老人享有過多政府資源與太大的政治影響力，這兩個議題均涉及社會資源的公平分配，如果沒有適度溝通，容易形成世代正義或世代衝突的引爆。此外，如果年輕世代認為老人是社會負擔的比例過高的話，也會增加老年歧視與老年虐待的不幸事件。

3-5　結語

　　以年齡作為老人的界定標準未必周延，但為了行政目的還是需要有一個客觀又簡易的衡量準則，65 歲或 60 歲因此成為目前最普遍採用的老人定義標準。但是隨著平均餘命的延長與整體健康狀況的改善，多數已開發國家開始反省以 65 歲做為老人或退休接受年金給付的標準，相關學者因此建議以預期老年以及預期老年扶養比作為相關政策擬定的參考依據。預期老年其實與平均健康餘命的概念相似，以臺灣為例，2018 年 0 歲的平均健康餘命為 72 歲，2017

年老年狀況調查報告顯示，65-69 歲人口中約 5% 至少有一項日常生活活動能力限制，70-74 歲增為 7%，75-79 歲再增為 12%，80 歲以上者達三分之一左右（32%）。顯然臺灣老人的生活自理能力在 75 歲以後才明顯下降，因此可以考慮以平均健康餘命或預期老年做為老人的界定標準，並將 65-74 歲（或 65-70 歲）界定為準老人，是開始積極規劃並面對真正老年生活的準備階段。

　　美國學者的研究顯示，成年人的主觀自覺年齡會比客觀實際年齡年輕 20% 左右，而且這個比例會隨著年齡的增加而增加，到 75 歲以後，自覺年齡比實際年齡平均少了 11 歲。自覺年輕不服老其實有益於個人健康與福祉，而且高齡人口如果能肯定自己的正面形象，諸如「友善的」、「能幹的」、「受到尊重的」，尤其有助於其對社會公共事務的關心與參與。值得特別警醒的是，年輕人對於老年人的整體意象是正面居多或負面居多，如果年輕族群多認為老人的政治影響力太大、老人領取過多的政府資源、老人是社會負擔，則容易引起世代對立。此外，如果老人明顯認為自己是社會的負擔，則容易引起老人的自我傷害或自殺。如圖 3-8 所示，12 個國家中有 9 個國家的老人自認為是社會負擔的比例遠高於 60 歲以下人口，尤其是後共產社會的波蘭、羅馬尼亞、愛沙尼亞與斯洛為尼亞，而亞洲的三個國家（臺灣、日本與韓國）也有類似的傾向，這是不容忽視的社會問題。根據 OECD 的統計資料，65-69 歲男性的自殺率為每 10 萬人 25 人、女性為每 10 萬人 7 人，但到 80-84 歲分別增為 42 人與 9 人，85 歲以上老人更高達 53 人與 12 人。歐盟國家老人的獨居率偏高，獨居者的憂鬱傾向與自我傷害率也較高，這是相關政策擬定上值得特別關心的議題。

附錄

表A 歐盟27成員國為配合「歐洲2020策略」所設定的20-64歲就業率與實際就業率		
	國家預定目標（%）	就業率（%）
	2020年	2008年	2019年
歐盟27國	75	69.5	73.1
瑞典	80.1	80.4	82.1
荷蘭	80	76.9	80.1
德國	77	74	80.6
愛沙尼亞	76	77.1	80.2
捷克	75	72.4	80.3
斯洛維尼亞	75	73	76.4
葡萄牙	75	73.1	76.1
賽普勒斯	75	76.5	75.7
匈牙利	75	61.5	75.3
拉脱維亞	73	75.4	77.4
立陶宛	72.8	72	78.2
斯洛伐克	72	68.8	73.4
波蘭	71	65	73
馬爾他	70	59.2	77.2
羅馬尼亞	70	64.4	70.9
愛爾蘭	69	73.5	75.1
克羅埃西亞	62.9	64.9	66.7
丹麥	80	78.7	78.3
芬蘭	78	75.8	77.2
奧地利	77	73.8	76.8
保加利亞	76	70.7	75
法國	75	70.5	72.1
比利時	73.2	68	70.5
盧森堡	73	68.8	72.8
義大利	67	62.9	63.5
西班牙	74	68.5	68
希臘	70	66.3	61.2

資料來源：Eurostat (online data code: lfsi_emp_a).

參考文獻

內政部統計處（n. d.）。歷年簡易生命表。檢自 https://www.moi.gov.tw/cl.aspx? n=2982

衛生福利部統計處（2021）。健康平均餘命指標資料表。檢自 https://dep.mohw. gov.tw/DOS/fp-4961-55400-113.html

European Social Survey Round 9 Data (2018). Data file edition 3.1. NSD – Norwegian Centre for Research Data, Norway – Data Archive and distributor of ESS data for ESS ERIC. doi:10.21338/NSD-ESS9-2018.

Eurostat (2020). 4 in 10 women aged 65 or over live alone. Retrieved from https:// ec.europa.eu/eurostat/web/products-eurostat-news/-/DDN-20200623-1

Eurostat (2021a). Mortality and life expectancy statistics. Retrieved from https://ec.europa.eu/eurostat/statistics-explained/index.php/Mortality_and_life_expectancy_statistics

Eurostat (2021b). Healthy life years statistics. Retrieved from https://ec.europa.eu/eurostat/statistics-explained/index.php/Healthy_life_years_statistics

Eurostat (2021c). Ageing Europe - statistics on working and moving into retirement. Retrieved from https://ec.europa.eu/eurostat/statistics-explained/index.php?title=Ageing_Europe_-_statistics_on_working_and_moving_into_retirement

Eurostat (2021d). Self-perceived health statistics. Retrieved from https://ec.europa.eu/eurostat/statistics-explained/index.php/Self-perceived_health_statistics#Self-perceived_health

Eurostat (2021e). Functional and activity limitations statistics. Retrieved from https:// ec.europa.eu/eurostat/statistics-explained/index.php/Functional_and_activity_limitations_statistics

Eurostat (2021f). Ageing Europe - statistics on housing and living conditions. Retrieved from https://ec.europa.eu/eurostat/statistics-explained/index.php/Ageing_Europe_-_statistics_on_housing_and_living_conditions#Household_composition_among_older_people

Inglehart, R., C. Haerpfer, A. Moreno, C. Welzel, K. Kizilova, J. Diez-Medrano, M. Lagos, P. Norris, E. Ponarin & B. Puranen et al. (Eds.) (2018). World Values Survey: Round Six - Country-Pooled Datafile. Madrid, Spain & Vienna, Austria: JD Systems Institute & WVSA Secretariat. doi.org/10.14281/18241.8

Kotter-Grühn, D., Kleinspehn-Ammerlahn, A., Gerstorf, D., & Smith, J. (2009). Self-perceptions of aging predict mortality and change with approaching death: 16-year longitudinal results from the Berlin Aging Study. *Psychology and Aging*,

24, 3: 654–667. doi: https://doi.org/10.1037/a0016510

Mock, S. E., & Eibach, R. P. (2011). Aging attitudes moderate the effect of subjective age on psychological well-being: Evidence from a 10-year longitudinal study. *Psychology and Aging*, 26, 4: 979-986.

Montepare, J. M., & Lachman, M. E. (1989). "You're only as old as you feel": Self-perceptions of age, fears of aging, and life satisfaction from adolescence to old age. *Psychology and Aging*, 4, 1: 73-78. doi: https://doi.org/10.1037/0882-7974.4.1.73

North, M. S., & Fiske, S. T. (2015). Modern attitudes toward older adults in the aging world: A cross-cultural meta-analysis. *Psychological Bulletin*, 141, 5: 993-1021. doi: https://doi.org/10.1037/a0039469

Rubin, D. C., & Berntsen, D. (2006). People over forty feel 20% younger than their age: Subjective age across the lifespan. *Psychonomic Bulletin & Review*, 13: 776-780. doi: https://doi.org/10.3758/BF03193996

Rychtaříková, J. (2019). Perception of population ageing and age discrimination across EU countries. *Population and Economics*, 3, 4: 1-29. doi: https://doi.org/10.3897/popecon.3.e49760

Sanderson, W. C., & Scherbov, S. (2005). Average remaining lifetimes can increase as human populations age. *Nature*, 435, 7043: 811-813.

Sanderson, W. C., & Scherbov, S. (2007). A new perspective on population aging. *Demographic Research*, 16: 27-58.

Taylor, P., Morin, R., Parker, K., Cohn, D. V., & Wang, W. (2009). *Growing old in America: Expectations vs. reality (Overview and Executive Summary)*. Retrieved from https://www.pewresearch.org/social-trends/2009/06/29/growing-old-in-america-expectations-vs-reality/

United Nations, Department of Economic and Social Affairs, Population Division (2017). *World Population Ageing 2017: Highlights.*

United Nations, Department of Economic and Social Affairs, Population Division (2019). *World Population Ageing 2019: Highlights.*

van den Heuvel, W. J. A., & van Santvoort, M. M. (2011). Experienced discrimination amongst European old citizens. *European Journal of Ageing*, 8: 291-299. doi: http://dx.doi.org/10.1007/s10433-011-0206-4

Vauclair, C.-M., Lima, M. L., Abrams, D., Swift, H. J., & Bratt, C. (2016). What do older people think that others think of them, and does it matter? The role of meta-perceptions and social norms in the prediction of perceived age discrimination. *Psychology and Aging*, 31, 7: 699-710. doi: https://doi.org/10.1037/pag0000125

第四章
性別與健康

　　統計資料顯示，女性平均活得比男性長壽，但平均健康狀況卻不如男性。早在 17 世紀英國皇家學會院士，約翰・葛蘭特（John Graunt, 1620-1674），就根據倫敦地區每週發布的死亡名單（Bills of Mortality），首先於 1661 年寫成《死亡名單的自然與政治觀察》（*Natural and Political Observations Made Upon the Bills of Mortality*）一書，詳細分析倫敦地區的出生狀況及不同疾病所導致的死亡率起伏，並歸納出男性的出生率雖然高於女性，但其死亡率也高於女性，因此整體而言可以達成總人口在性別比例上的平衡。不過在就醫行為上，卻是女性高於男性，比例約為 2：1（Avdic et al., 2019）。

　　其實出生率、死亡率以及健康相關議題上的性別差異，依舊存在於當今社會。歐盟統計資料顯示，自 1960 年代以來，歐盟成員國出生時的性比例[1] 介於 105.9% 到 105.6% 之間，換句話說，生出男嬰的機率比女嬰多 5.9% 至 5.6% 之間。而在死亡率方面，2016 年男性為千分之 12.5，女性為千分之 8.1（Eurostat, 2020a）。由於死亡率的性別差異存在於各個年齡層，累計的結果，歐盟男性可以存活到 65 歲的機率為 84%，女性則高達 92%。可惜女性的存活優勢並沒有展現在健康狀況上，根據 2014 年歐洲健康調

---

1 性比例為每 100 個女性中男性的人數。

查（European Health Survey），歐盟 28 個成員國中超過三分之一
（36.1%）的 15 歲以上男性至少在過去 14 天中諮詢過一次醫生，
而女性則高達 47.5%。當然，女性由於懷孕與生產過程中需要有
較高的看診頻率，就醫行為會高出男性。不過在 65 歲以上老年
人口中也是女性的就醫頻率高於男性（分別為 62.8% 與 59.6%）
（Eurostat, 2019）。相同的，在自評健康狀況方面，根據歐洲統
計局 2019 年資料，歐盟 28 個成員國中女性自評健康狀況為好
或非常好的比例低於男性 4.3 個百分點（分別為女性 67.2%、男
性 71.5%）（Eurostat, 2020b）。至於因為健康因素所導致的長期生
活自理困難的比例也是女性高於男性，而且隨著年齡的增加（尤
其是 65 歲以後），性別的差異益發明顯（詳見圖 4-1）（Eurostat,
2020c）。

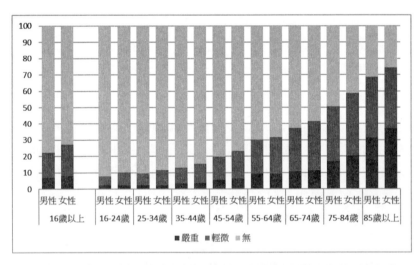

圖 4-1　歐盟成員國因為健康因素導致的長期生活自理困難：依性別與年齡分

生命統計數據顯示女性平均餘命高於男性，但女性一生中處於免失能的健康歲月的比例卻低於男性。以英國為例，2018 年英國男性的平均餘命為 79.5 歲、女性為 83.1 歲；而平均健康餘命則分別為男性 61.5 歲與女性 60.8 歲。換句話說，英國男性生命中有約 23% 的歲月（18 年）是處於失能不健康的狀況，而女性則高達 27%（22.3 年）（Eurostat, 2021a）。類似的性別差異也出現在歐盟成員國，2018 年歐盟 28 個成員國 0 歲的平均餘命分別為男性 78.3 歲、女性 83.6 歲，但免於失能的平均健康餘命卻分別為男性 63.4 歲、女性 63.8 歲。也就是說，歐盟男性的一生中約有 19% 的歲月（14.9 年）是處於失能不健康的，而女性則為 24%（19.8 年）。這個性別差異到 65 歲時益發明顯，2018 年，歐盟 65 歲的平均餘命為男性 18.2 年、女性 21.5 年，但平均健康餘命卻分別為 9.9 年與 10.0 年（Eurostat, 2021a），也就是說處於失能的歲月分別占男性老年生命的 46%（8.3 年）、女性老年生命的 53%（11.5 年）。

為什麼女性比男性活得長壽卻比較不健康？學者將此現象稱之為健康—存活悖論（health-survival paradox）、死亡率—發病率悖論（mortality-morbidity paradox），或性別悖論（gender paradox）。究其原因除了與先天生理因素有關外，更與後天的資源分配、生活方式與健康習慣有關。

4-1 先天的性別差異

在先天生理因素方面，研究顯示女性擁有基因與賀爾蒙的優勢，因此存活機率高於男性。在人類所擁有的 23 對染色體中，決定性別的第 23 對染色體是由二條 X 染色體組成的女性，或由一條

X 染色體與一條 Y 染色體組成的男性。X 染色體中的基因具有豐富的修復與自我維護功能，因此個體在存活過程中一旦 X 染色體有基因問題，女性還有另一個可以備用，但男性卻沒有備用的 X 染色體。此外，男性賀爾蒙中的睪固酮固然可以使男性身體長得強壯有競爭力，但當其過度分泌時（主要在青少年晚期），容易有衝動、易怒或攻擊性行為（如鬥毆、危險性行為或自殺等）導致死亡率的增加，此即所謂的睪固酮中毒現象。步入中年後，睪固酮會增加血液中的低密度脂蛋白，導致高血壓與中風風險的增加。女性正好相反，停經前女性賀爾蒙的動情激素，可以降低心臟病與骨質疏鬆症的罹患風險。

在《自私的基因》（*The Selfish Gene*）一書中（Dawkins, 1989），作者強調基因是自私的，它的主要目的在繁衍，而軀體只是其繁衍的載具，因此只要能夠達成繁衍目的，軀體是可以遺棄的。動物為了能夠順利繁衍，必須吸取能量，一則用來保命、一則用來繁衍。雄性動物為了能夠成功繁衍，傾向於將其吸取的能量優先配置於成功吸引異性以完成交配，而雌性動物則傾向於將能量優先配置於存活以順利孕育下一代。動物為了存活，需要有自我維護與修復細胞的機制，雌性動物由於需要優先保命以孕育下一代，因此會保持較強的細胞修復能力，壽命因而較長。囓齒動物的研究顯示，雌性動物體內細胞修復損害的能力比雄性好，但遭手術切除卵巢後其優勢也隨之消失；同樣的，閹割過的雄性動物往往比其未去勢的同類長壽。

韓國科學家分析 19 世紀以來朝鮮王朝宮廷中 81 位在青春期前就接受了睪丸切除術的太監，發現他們的平均壽命大約在 70 歲左右，有的甚至高達 100 歲，但當時宮中其他男性的平均壽命卻只

有 50 歲上下（Min, Lee & Park, 2012）。根據英國 BCC 新聞網的報導，不管是人類還是其他動物，沒有睪丸似乎活得比較長壽（BBC News, 2019）。而且女性平均壽命高於男性的現象不止出現在人類群體，大多數動物皆有此趨勢，例如雄性大白鼠平均壽命為 480 天，雌性大白鼠為 800 天；雄性黑蜘蛛平均壽命約為 100 天，雌性約為 270 天；雄性玉米蟲的平均壽命約為 60 天，其雌性同胞則高達 111 天。不過，女性人類與其他雌性動物還有一個最大差別，就是停經終止生育功能後的女性仍有很長的存活歲月，但多數雌性動物在結束生育功能後存活時間不會太長。

在先天基因的影響下，研究顯示男性多罹患致命性疾病，如惡性腫瘤、冠心病、腦血管疾病、肺氣腫、肝硬化、腎臟病等；而女性多罹患非致命性的慢性疾病，如失智、憂鬱、骨質疏鬆、泌尿道感染、類風濕關節炎、糖尿病等。此外，男性吸菸與喝酒比例均高於女性，從事高危險性行為或自殺的機率也高於女性。根據歐洲統計局資料，2016 年歐盟 28 個成員國共計 514 萬人死亡，死亡率為千分之 9.97 人，其中最主要的死亡人口群出現在 65 歲以上，占總死亡人數的 83%（約 426 萬）。如表 4-1 所示，歐盟 28 個成員國的三大死亡原因為循環系統疾病（主要為冠心病與腦血管疾病），占總死亡人數的 35.7%；其次為惡性腫瘤（26.9%）；再次為呼吸道系統疾病（8.2%）。相對說來，主要致死原因的排序和重要性因年齡和性別而稍有差異，65 歲以下人口的死因以惡性腫瘤居冠（37.7%），其次為循環系統疾病（21.4%），呼吸系統疾病只占 4.7%。65 歲以上人口則以循環系統疾病居冠，占總死亡人數的 38.7%，其次為惡性腫瘤（24.7%），再次為呼吸道系統疾病（8.9%）。

表 4-1　歐盟 28 個成員國的三大死亡原因：依性別與年齡分			
死亡原因	兩性合計	男性	女性
總死亡人數	513.7萬	256.0萬	257.7萬
循環系統疾病	35.7%	33.1%	38.3%
惡性腫瘤	26.9%	30.1%	23.8%
呼吸道系統疾病	8.2%	8.7%	7.7%
65歲以下人口			
總死亡人數	87.3萬	57.6萬	29.8萬
循環系統疾病	21.4%	24.0%	16.4%
惡性腫瘤	37.7%	32.4%	48.0%
呼吸道系統疾病	4.7%	4.6%	4.9%
65歲以上人口			
總死亡人數	426.4萬	198.4萬	228.0萬
循環系統疾病	38.7%	35.7%	41.2%
惡性腫瘤	24.7%	29.4%	20.7%
呼吸道系統疾病	8.9%	9.9%	8.1%

資料來源：作者根據Eurostat (2020a) 計算製表。

　　在性別差異上，如表 4-1 所示，65 歲以下人口群中女性因惡性腫瘤致死的比例（48%）高出男性（32.4%）16 個百分點；但在循環系統疾病上則是男性（24%）高出女性（16.4%）8 個百分點。65 歲以上人口群則正好相反，女性因惡性腫瘤致死的比例（20.7%）低於男性（29.4%）9 個百分點，但在循環系統疾病上，則是女性（41.2%）高出男性（35.7%）將近 6 個百分點。研究顯示在循環系統疾病方面，例如心臟病，男女兩性的罹患機率相近，但男性心臟病發作的平均年齡一般較女性年輕，而停經前女性因為

有女性賀爾蒙的保護，罹患機率較低，但停經後女性反而因為心臟病發作而死亡的機率較男性為高。主要原因之一是男女兩性所呈現的症狀不一樣，男性一般會感到胸部劇痛，而女性卻是胸部疼痛感不明顯，反而有疲倦、噁心、呼吸急促、牙疼、頭痛等非典型症狀。所以女性很容易因為忽視該病兆而延誤就醫或因為誤判而沒有得到妥適的治療。此外，女性血管較細，血管分布也較複雜，因此治療難度較高。

4-2　後天的性別差異

　　至於影響性別悖論的後天因素則主要導之於社會建構原因。一般說來，女性在家庭與社會中所能取得的社會資源與競存機會低於男性，因此無論在食物的質與量以及醫療照護的取得上均遠不如家戶中其他男性成員；而女性在家庭中所需承擔的責任卻不比男性低，故健康狀況不如男性（Bird & Fremont, 1991; Doyal, 1995; Ross & Bird, 1994）。此外，女性受教育與外出就業的機會也遠低於男性，而教育程度與營養知識或醫療保健識能均有密切的正向關係，許多研究已經證實教育程度是影響健康狀況的關鍵因素，因此平均教育程度較低的女性健康狀況也較差。至於女性就業與健康狀況間的關係，則出現不一致的研究結果。過去諸多研究已經顯示，經濟所得與健康狀況有強烈的正向關係，因此女性外出工作獲取經濟獨立的機會往往被視為提升健康的重要因素。但也有相當多的研究顯示女性因為外出就業而衍生的多重社會角色，會增加生活壓力並進而引發憂鬱症與其他生理疾病；而男性則由於參與家務與照顧子女的角色期待較低，因此少有多重角色衝突的生活壓力問題。分析韓國 3,280 位 20-64 歲工作人口（2,086 位男性與 1,194 位女性）的心理健康狀況後，Kim 等（2006）認為韓國職業婦女的健康狀況之

所以遠低於男性，主要是因為韓國職業婦女除了要配合職場工作要求外，還要扮演傳統母親與妻子的角色以符合社會期待，且其平均薪資所得也只達男性平均所得的 40%。

分析美國自 1950 年以來的社會變化，Barnett（2004）卻發現，當整個社會的生育行為、婚姻模式、家庭結構與性別平權水準都有利於女性追求教育機會與職涯發展的狀況下，多重社會角色扮演已經是不可逆轉的社會趨勢，而女性的多重角色不一定會威脅心理或生理健康狀況，因為這兩者間的關係是「質」而不是「量」的問題。換句話說，女性所承擔的社會角色，無論是為人母、為人妻、為人女或受雇工作角色，都同時賦有正面的成就感與負面的挫折經驗，如果在每一個角色中都得到正面的肯定與自我滿足，那麼多重角色不會帶來負面的健康影響；相反的，如果在角色扮演的過程中並沒有得到正面的肯定或成就感，就容易產生負面情緒，進而累積壓力導致憂鬱。Barnett 同時認為多重角色反而提供了心情轉換與壓力抒解的機會，例如當與子女家人關係緊張時，外出工作反而可以避免衝突的尖銳化；而當工作不順利時，也可以由家庭關係中得到抒解。這就有如沒有把所有（情緒）雞蛋放在同一個籃子的道理是一樣的。此外，若在工作中有高的成就感，也會間接的把快樂情緒帶到家庭生活中，反之亦然。

分析自 1970 年代以來近百篇有關於性別、健康與疾病相關的論文，Vlassoff（2007）認為女性的自我認同與社會整體價值觀也是導致女性健康狀況不如男性的重要因素。例如，在開發中社會，女性可能因為重男輕女的社會價值觀而有食物攝取不足、不均或不良的狀況，但在已開發社會則可能因為崇瘦的審美價值觀而產生厭食症或暴飲暴食的不當飲食行為。此外，男女兩性對於疾病的態度也不同，以第二型糖尿病患者為例，瑞典與英國的研究

均顯示，女性患者多以負面的焦慮或憂鬱情緒對待，並長期接受胰島素注射；男性患者則積極面對並以運動和飲食控制擺脫疾病威脅（Gåfvels, Lithner & Börjeson, 1993; Gåfvels & Wändell, 2006; Williams, 2000）。其他的研究則顯示，男性多透過正式醫療系統解決病痛，而女性則多因為家務繁忙關係，無法在醫療院所門診的固定時間前往就醫，因此病情多被延誤或只能透過費用較為低廉的另類醫療解決（Rathgeber & Vlassoff, 1993）。更重要的原因則是罹病的男性多能得到配偶或家中女性成員量多質優的悉心照顧，但患病女性則少有這樣的機緣，主要是因為配偶或男性家庭成員不善於提供照顧或由於外出工作無法分身。

4-3　健康行為的性別差異

　　生命的延長與健康水準的維持除了與先天生理因素與後天醫療系統的健全有關外，也受到個人健康習慣的影響。根據歐盟健康調查資料，2017 年歐盟成員國中 15 歲以上男性的抽菸率為 30%、女性為 22%。至於每天有喝酒習慣的比例也是男性高於女性，分別為 13.9% 與 4.9%；自殺比例的性別差異更為明顯，分別為男性每 10 萬人口中約 17.0 人自殺，女性則為每 10 萬人中 4.5 人。2016 年歐盟因自我傷害而死亡的總人數為 5.6 萬，其中男性死亡人數為女性的 3.4 倍（約 77%：23%）。

　　此外，許多研究已經證實新鮮蔬菜與水果的攝取可以有效降低癌症、心血管疾病與第二型糖尿病等慢性疾病的罹患風險。歐盟統計資料顯示，歐盟 28 個成員國中 65 歲以上女性每日食用新鮮水果的比例高於男性 5.8 個百分點（分別為 71.8% 與 66%），但個別國家間的差異極大，如圖 4-2 所示，日食比例最高的南歐國家（尤其是西

班牙、義大利與葡萄牙）幾乎是日食比例最低國家（如羅馬尼亞、
保加利亞、拉脫維亞與捷克）的 2 倍以上。而且，除了賽普勒斯、
立陶宛與保加利亞以外，都是女性的日食比例高於男性，其中以奧
地利的差距最大，女性高出男性 16.7 個百分比（Eurostat, 2021b）。

　　至於每日食用新鮮蔬菜的比例也是女性的比例高於男性，但
兩性間的差距不大。如圖 4-3 所示，28 個國家中有 2 個國家（比
利時與希臘）的日食比例超過 80%，而最低的 4 個國家（羅馬尼
亞、保加利亞、丹麥與捷克）其日食比例卻不及 40%（Eurostat,
2021b）。當然，南部低緯度國家由於氣候較為溫暖，新鮮水果與蔬
菜的產量較高，品種類別也較多，因此每日食用的機率比較高，東
歐或北歐國家可能因為受限於產品數量，所以日食比例較低。不過
同樣處於高緯度的英國，其日食比例卻也高達 71%，這可能與烹
調方式與食物攝取習慣有關。

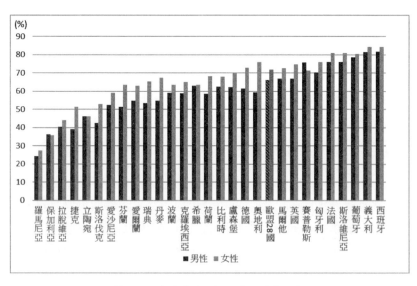

圖 4-2　歐盟成員國每日食用水果比例

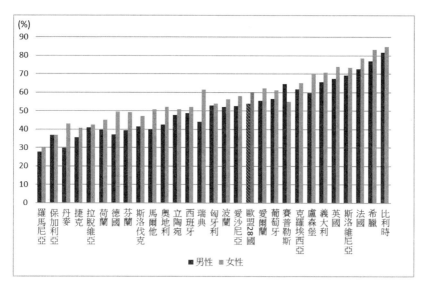

圖 4-3　歐盟成員國每日食用蔬菜比例

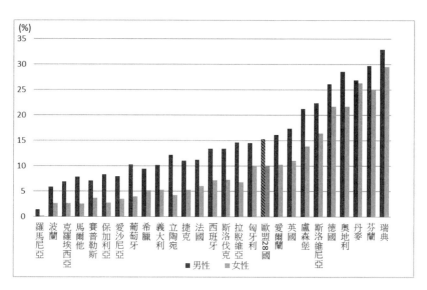

圖 4-4　歐盟成員國每星期至少花 2.5 個小時在有氧與肌力相關運動的比例

此外，在運動習慣與肥胖率方面，一般說來女性的運動習慣或喜好低於男性，但在肥胖率方面則是男女相當。根據 2014 年歐洲健康調查（European Health Interview Survey）資料，歐盟 28 個成員國中 15.3% 的男性與 10.1% 的女性，平均每個星期至少花 2.5 個小時以上在有氧和肌力訓練等相關運動。整體而言，以斯堪地那維亞國家（如瑞典、芬蘭、丹麥）與奧地利、德國的運動風氣最盛，而以東歐與南歐國家最低。至於性別間的差異，則以立陶宛與拉脫維亞的差異最大，男女比例相差 8 個百分點左右；最低的則為丹麥與羅馬尼亞，相差不到兩個百分點。資料同時顯示，運動習慣與年齡成反比，但與教育程度成正比（Eurostat, 2018）。

4-4 肥胖與健康

根據世界衛生組織的定義，BMI 指數[2] 低於 18.5 為過瘦、介於 18.5 到 25.0 之間為正常、大於（含等於）25.0 為過重、超過（含等於）30.0 就是肥胖。過去華人社會多將肥胖視為福氣的象徵，但近年來世界衛生組織已經將肥胖列為一種慢性疾病。研究顯示，肥胖者發生糖尿病、代謝症候群或血脂異常的風險是正常體重者的 3 倍以上，至於發生高血壓、心血管疾病、膝關節炎及痛風等疾病的風險也有 2 倍左右。根據 2013-2016 年「國民營養健康狀況變遷調查」，臺灣成人過重及肥胖盛行率為 45.4%（男性為 53.4%，女性為 38.3%），相較於 1993-1996 年的 32.7% 與 2005-2008 年的 43.4%，成人過重及肥胖盛行率逐年增加的趨勢依舊存在，但速度已漸趨緩（衛福部，2019）。2014 年歐洲健康調查資料顯

---

2 身體質量指數（Body Mass Index），是以體重除以身高的平方；體重以公斤計，身高以公尺計。

示，歐盟 28 個成員國的肥胖比例男女相當，分別為男性 15.6%、女性 15.3%；但各國的性別差異極大，女性以馬爾他共和國最高（23.2%）、羅馬尼亞最低（9.4%），男性也是以馬爾他共和國最高（27.2%）、羅馬尼亞最低（8.7%）。如圖 4-5 所示，28 個成員國中超過一半的國家（16 個）是男性肥胖率高於女性，其中以馬爾他的差異最大（男性高出女性 4 個百分點）、而以德國最低（男性高於女性 0.6 個百分點）。另有 9 個國家的女性高於男性，其中以立陶宛的差異最大（女性高出男性 5.8 個百分點），羅馬尼亞差異最小（女性高出男性 0.7 個百分點）。斯洛伐克、比例時與法國男女兩性的比例相近，差異在 0.5 之內（Eurostat, 2021c）。

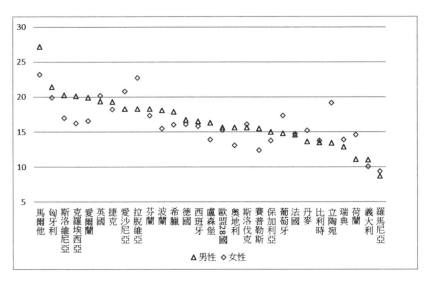

圖 4-5　歐盟 28 個成員國的肥胖比例：依性別分

　　資料同時顯示，肥胖率的盛行與年齡及教育程度有關。25-34 歲年齡組的肥胖率最低（分別為男性 10% 與女性 9.9%），但隨著年齡的增加肥胖率跟著成長，到 65-74 歲年齡組肥胖率增為男

性 21.2% 與女性 22.7%；但到 75 歲以後反降為男性 15.6%、女性 18.4%。有趣的是，在 34 歲以前，男女兩性的肥胖率相當，35-54 歲之間男性肥胖率高於女性，55 歲以後女性就超越男性了。這可能與女性更年期後基礎代謝率趨緩有關，根據研究，女性在停經後 3 年內，體重平均增加了 2.25 公斤，其中有四分之一的女性，體重甚至增加 4 公斤以上，體脂肪也增加了將近 70%（郭庚儒，2020）。另有研究顯示，女性在 50 到 60 歲期間，平均每年增加 0.6 公斤，主要是因為停經後雌激素水平低，影響了瘦素（抑制食慾）與肌餓素（促進食慾）的分泌；此外甲狀腺問題、壓力、睡眠等問題與某些藥物也會促發體重的增加（王郁婷，2019）。

由於飲食、生活方式與運動習慣都與體重有密切的關係，而這些生活慣習又與教育水準有關，歐洲健康調查資料也顯示歐盟成員國的教育水準與肥胖比例有顯著的負向關係，初等或低於初等教育者中男女兩性的肥胖率分別為 16.6% 與 19.4%，中等教育者為男性 16.7%、女性 15.2%，高等教育者則降為男性 12.7%、女性 10.4%。相對說來，教育程度與肥胖率間的關係在女性群組的影響力高於男性，女性高等教育者肥胖率低於低教育程度者 9 個百分點，但男性只有 3.9 個百分點的差異。

4-5 政策與健康

既然性別的健康差異除了特定的少數生理因素外，主要與後天的社會建構因素與個人健康行為有關，那麼性別平權程度較高的社會，性別的健康差異是否就會縮小？多數的研究報告與論文都得到正向的結論，高性別平權的社會性別的健康差異較小，但也

有少數研究得到不同的結論。分析 2001-2002 年瑞典 289 個自治市
（Municipalities）的性別平權指標與健康狀況指數（病假天數）間
關係，Backhans 等（2007）發現，性別平權雖然縮小了兩性的健
康差異（即平均病假天數），但也同時惡化了兩性的健康狀況。因
為在高度性別平權的社會政策鼓勵下，女性除了擁有平等的受教權
與就業機會外，也能積極參與政治、經濟與社會的決策過程，但如
果還要兼顧家務與照顧家人的責任，反而會因為需要裡外兼顧導致
身心俱疲健康惡化；而男性則可能因為需要協助家務，以及因為兩
性平權後失去舊有的特權與男性尊嚴而抑鬱不振，導致身心健康的
劣化。

　　分析 1945 至 1992 年瑞典的經濟成長與死亡率間關係，
Hemstrom（1999）發現經濟成長降低了瑞典整體的死亡率，但女
性降低的幅度高於男性，換句話說女性受惠於經濟成長所帶來的好
處高於男性。資料同時顯示，在 1950 至 1980 年間經濟持續顯著成
長的同時，男性與女性的平均薪資所得差距也明顯降低了，但是這
一段時間內男性的死亡率並沒有明顯變化，究其主要原因可能是因
為經濟成長所帶來的正面影響，被兩性平權所導致的男女薪資差異
縮小所帶給男性的負面影響抵銷了。此外，這一段期間瑞典的酒精
與香菸的消耗量也明顯成長，而統計資料又顯示菸、酒的盛行率與
消耗量都是男性高於女性，Hermstrom 因此懷疑男性死亡率的沒有
顯著下降可能與男性菸酒的盛行率有關。不過，Hermstrom 也認為
在兩性平權的發展過程中，男性所受到的自尊與自信威脅遠高於女
性所承擔的多重角色挑戰，因此男性的健康狀況也隨之惡化。

　　分析 2002、2004、2006、2008 與 2010 年等五波歐洲社會調查
（European Social Survey）資料，Dahlin 與 Härkönen（2013）也發現

性別不平等指數（Gender Inequality Index, GII[3]）的高低與性別的健康差異沒有顯著的因果關係。反而是人類發展指數（Human Development Index）較高的社會，女性的健康狀況較佳，因此有機會縮小男女兩性間的健康差異。不過，Dahlin 與 Härkönen 也強調性別的健康差異主要受到個人社經背景因素的影響，社會層級變數（如性別不平等指數、貧富差距指數或人類發展指數）的影響較小。利用 1990 年世界價值觀調查資料，Hopcroft 與 Bradley（2007）發現女性罹患憂鬱症的比例高於男性，且低性別平權社會的罹患率高於高性別平權社會。資料同時發現，在高性別平權社會的男女兩性罹患率差距明顯高於低性別平權社會。換句話說，高性別平權社會雖然提供女性與男性相同自由掌握自己生活方式的機會，但女性並沒有因此而縮減其與男性的健康差距。Hopcroft 與 Bradley 認為這是因為在高性別平權社會，女性因為跨入男性的生活方式（就業、參與決策、抽菸、喝酒或更多的高危險性行為）而衍生更多的生活壓力或危險因子，但男性反而因為跨入女性的生活方式，尤其是因為照顧子女而能更精準與具體掌握健康資訊，而得以減少生活壓力與抑鬱情緒，男女兩性間憂鬱症罹患率的差距也因而加大。

Ko 與 Yang（2016）則強調性別平權的衡量應該顧及公領域（如受教與就職機會、參與政治、經濟、社會等決策機會）與私領域的平權（如家務分工、性別角色期待）。聯合國或歐盟所建構的性別平權指數，諸如性別不平等指數、性別平權指數

---

3 性別不平等指數是聯合國開發計畫署所建構的一個衡量性別差異的指數，該指數是一項綜合指標，計有健康、賦權與勞動市場等 3 個面向。健康面向的衡量指標為產婦死亡率與成年人生育率；賦權面向的衡量指標為男女兩性中等教育比、男女兩性議會席位比；勞動市場面向的衡量指標為男女兩性的勞動參與率。性別不平等指數的數值介於 0 與 1 之間，數值愈高的社會，性別不平等程度愈高。詳見 http://hdr.undp.org/en/content/gender-inequality-index-gii。

（Gender Equality Index, GEI）、賦予性別權力的衡量指標（Gender Empowerment Measure, GEM）、性別相關發展指數（Gender Related Development Index, GDI）等多只涉及教育、勞動參與、決策職位、薪資差異、生殖健康或醫療服務普及率等公領域層面，但並未顧及私領域的性別平權態度與價值觀，例如家務如何分工、誰應該優先請假照顧家人、誰應該優先出外工作養家活口、誰應該支付更多的家庭開銷等。沒有同時兼顧公領域與私領域的性別平權政策，會使得更多的女性陷入 Hochschild 與 Machung（2012）所謂之「第二輪班」（The Second Shift）的漩渦，白天忙於職場工作，下班則忙於家務。相對的，男性如果無法從「主外不主內」、「工作優先，家務其次」的傳統思維中解放出來，卻被迫接受分擔家務犧牲事業的生活方式，也會對健康有負面影響。

　　Ko 與 Yang 以多層分析法研究比較歐盟 28 個成員國 18-50 歲人口群的自評健康狀況發現，性別間的健康差異在控制住個人層級的社經變數後就不再顯著，但私領域的高性別平權指標（不同意工作機會應該優先保留給男性的百分比）與高人均所得並沒有特別提升女性的健康，進而縮減男女兩性的性別健康差異，但卻對男女兩性的健康有不同的影響力。整體而言，在其他變數控制不變的狀況下，人均所得愈高、愈是支持傳統兩性分工的社會，整體的健康狀況反而愈佳。這個結果出乎作者的預料，但卻與前述 Backhans 等（2007）針對瑞典的研究結果相似，也與 Bambra 等（2009）的研究結果相呼應，亦即片面的性別平權提升未必有利於女性或男女兩性健康水準的改善。

　　Bambra 等（2009）分析 1998 至 2004 年間歐洲四種福利制度 [4]

---

4 分別為1）社會民主主義的丹麥、挪威、瑞典、芬蘭與瑞典；2）組合主義的比利時、法國與德國；3）自由主義的英國與愛爾蘭；以及4）南歐體制的義大利、西班牙與葡萄牙。

下，13 個國家中 16 歲以上人口的自評健康狀況，發現 13 個國家中有 2 個國家（英國與芬蘭）的男性自評健康狀況為不好的比例明顯高於女性；4 個國家（比利時、德國、法國與愛爾蘭）無明顯性別差異；其餘 7 個國家女性的自評健康狀況為不好的比例明顯高於男性。進一步分析發現，女性自評健康不如男性的國家多為北歐社會民主主義體制國家與南歐國家。一般多認為北歐國家無論在社會發展程度、福利制度或性別平權指數上都在歐洲各國之上，但其女性的健康狀況卻明顯不如男性。Bambra 等認為這可能與這些國家的偏高雙薪家庭比例有關，以瑞典與芬蘭為例，健康的最大性別差異出現在高教育水準者，而高教育水準女性有較高的就業率，所從事的職業也多以挑戰性較高的白領專業為主。Karasek（1979）的研究則顯示相同職位帶給男女兩性的工作壓力未必相同，女性經理人員的工作壓力就明顯高於男性。此外，女性因工作衍生的負面壓力多出現在工作結束之後，如果在家務分工上沒有落實性別平權的政策導向，公平的受教與就業機制反而造成職業婦女的生活壓力，帶來健康的負面影響。類似的情形也出現在南歐國家，尤其是義大利與葡萄牙。

4-6 結語

　　既長壽又長健是所有社會的共同期待，但 Gruenberg（1977）等學者早在 1970 年代就提出較為悲觀的論點，認為壽命的延長主要歸功於醫療科技的發達，但醫療科技往往只能延長壽命，無法解決或縮短病痛或失能的歲月，因此壽命愈長處於病痛或失能的歲月也愈長，這派學者的說法被稱之為疾病擴張論（expansion of morbidity）。Fries（1980; 1983）等學者則持較為樂觀的態度，主

張隨著醫療科技的發達，各種疾病相對受到控制，因此只要避開危險因子（如抽菸、喝酒、不當飲食或從事高危險性行為），養成良好生活習慣，壽命不但會延長而且處於病弱失能的歲月也會隨著縮減，這一派學者的看法被稱之為疾病壓縮論（compression of morbidity）。Manton（1982）等學者的看法則介於上述兩種論述之間，他們相信醫療科技可以有效控制病痛並縮短失能的歲月，但其改善速度與幅度比不上死亡率的下降速度，因此隨著平均壽命的延長，病痛與失能的歲月無法全然壓縮，這派學者的看法被稱之為動態均衡論（dynamic equilibrium）。

　　自 1980 年代以來，許多實證研究已經證實教育程度的提升與社會經濟的發展不但有助於壽命的延長，尤其有助於健康餘命的增加與疾病的壓縮，但是性別間的平均餘命與健康差異卻依舊存在。早在 1990 年代世界衛生組織及相關學者就一再呼籲，各國政府應該體認性別在人類整體健康水準促進上所扮演的關鍵影響力，但數十年過去，性別的健康差異依舊存在。歐盟統計資料也顯示 2004 至 2018 年間男性 0 歲的平均餘命增加了 3.1 年（由 75.2 歲增為 78.3 歲）、女性增加了 2.1 年（由 81.5 歲增為 83.6 歲），男性平均健康餘命增加了 1.2 年（由 62.2 年增為 63.4 年）、女性增加了 0.1 年（由 63.7 年增為 63.8 年）。就絕對數字而言，男女兩性的平均餘命與健康餘命都增加了，但若就健康餘命在平均餘命中所占的百分比來看，則男性由 2004 年的 82.7% 降為 81.0%，女性由 78.2% 降為 76.3%；女性生命中健康歲月所占比例依舊不如男性。再以高性別平權的瑞典為例，2004 年男性平均健康餘命占平均餘命的 79.0%（62 年）、女性占 73.4%（60.8 年），男性比女性高出 5.6 個百分點；到 2018 年男女兩性的比例分別增為 91.1%（73.7 年）與 85.41%（72 年），但男性仍高出女性 5.7 個百分點。

Crespí-Lloréns 等（2021）分析 2002 至 2018 年間「社會與健康資料庫」（包括 Mdeline、Web of Science 與 Scielo）中與性別健康有關的政策性論文（合計 91 篇摘要與 33 篇全文論文），發現由過去 30 年以來所發表的論文結論來看，性別的健康差異依舊無法消除，就其主要原因乃在於政策理想與具體實踐之間的落差（gap between intention and practice），這些落差尤其出現在經費預算失準、官僚體系的僵化與繁瑣、以及缺乏女性的參與與發聲等層面。以美國為例，早期在有關心臟病的臨床研究上是以白人中年男性為試驗對象，但心臟病的病兆男女有別，對於藥物的反應也有所差異，若在治療過程中忽視性別、年齡、甚或族群的差異，預期結果必然不如理想。

Payne（2014）則強調性別的健康差異源自於先天的性別生理差異（sex）與後天的社會建構性別差異（gender），依據 1995 年在北京舉行的聯合國第四次世界婦女大會上通過的《北京行動綱要》，「性別主流化」（Gender Mainstreaming）被裁定為達致兩性平等的全球性重要策略，可惜這個方針並沒有落實在性別的健康差異層面上。性別主流化側重的是各級政府或相關單位在政策、法規或方針規劃的過程中慮及兩性的差異與需求，促使兩性享有參與社會、公共事務與資源取得的機會，以達實質的性別平等。可惜這個具體行動策略，卻在實踐的過程中淪為技術官僚亟欲達成的崇高理想，卻忽略了應該積極克服的性別權力關係。此外，值得特別注意的是，客觀的平等並不等於主觀的公平，不當的平等政策可能引發更多的不公平現象。依舊普遍存在的性別健康差異，到底是先天的必然或是後天的使然？值得繼續探究。

參考文獻

王郁婷（2019 年 9 月 29 日）。專家證實：更年期減肥真的很難！7 個改變讓更年期也能瘦，聯合報。檢自：https://health.udn.com/health/story/6032/4074399

郭庚儒（2020 年 3 月 17 日）。更年期一定會發胖？吳明珠公開 6 招飲食祕訣你該多吃少吃的食物，健康 2.0。檢自：https://health.tvbs.com.tw/regimen/323058

衛生福利部國民健康署（2019）。肥胖是慢性疾病！調整飲食及運動生活是最佳處方。檢自：https://www.hpa.gov.tw/Pages/Detail.aspx?nodeid=1405&pid=8840

Avdic, D., Hägglund, P., Lindahl, B., & Johansson, P. (2019). Sex differences in sickness absence and the morbidity-mortality paradox: A longitudinal study using Swedish administrative registers. *BMJ open*, 9: e024098. doi: https://doi.org/10.1136/bmjopen-2018-024098

Backhans, M. C., Lundberg, M., & Månsdotter, A. (2007). Does increased gender equality lead to a convergence of health outcomes for men and women? A study of Swedish municipalities. *Social Science & Medicine*, 64, 9: 1892-1903.

Bambra, C., Pope, D., Swami, V., Stanistreet, D., Roskam, A., Kunst, A., & Scott-Samuel, A. (2009). Gender, health inequalities and welfare state regimes: A cross-national study of 13 European countries. *Journal of Epidemiology & Community Health*, 63: 38-44.

Barnett, R. C. (2004). Women and multiple roles: Myths and reality. *Harvard Review of Psychiatry*, 12, 3: 158-164.

BBC News (2019, February 5). 揭秘：女性比男性長壽的三大原因。Retrieved from https://www.bbc.com/zhongwen/trad/science-47116472

Bird, C. E., & Fremont, A. M. (1991). Gender, time use, and health. *Journal of Health and Social Behavior*, 32, 2: 114-129.

Crespí-Lloréns, N., Hernández-Aguado, I., & Chilet-Rosell, E. (2021). Have policies tackled gender inequalities in health? A scoping review. *International Journal of Environmental Research and Public Health*, 18, 1: 327.

Dahlin, J., & Härkönen, J. (2013). Cross-national differences in the gender gap in subjective health in Europe: Does country-level gender equality matter? *Social Science & Medicine*, 98: 24-28.

Dawkins, R. (1989). *The Selfish Gene*. New York: Oxford University Press.

Doyal, L. (1995). *What makes women sick: Gender and the political economy of health*. London: Macmillan Press.

Eurostat (2018). Health-enhancing physical activity statistics. Retrieved from https://

ec.europa.eu/eurostat/statistics-explained/index.php?title=Health-enhancing_
physical_activity_statistics&oldid=412724

Eurostat (2019). Self-reported consultations of a medical professional by sex, age and
degree of urbanisation. Retrieved from http://appsso.eurostat.ec.europa.eu/nui/
show.do?dataset=hlth_ehis_am2u&lang=en

Eurostat (2020a). Causes of death - standardised death rate by NUTS 2 region of res-
idence. Retrieved from https://ec.europa.eu/eurostat/databrowser/view/hlth_cd_
asdr2/default/table?lang=en

Eurostat (2020b). Share of people with good or very good perceived health by sex.
Retrieved from https://ec.europa.eu/eurostat/databrowser/view/sdg_03_20/de-
fault/table?lang=en

Eurostat (2020c). Self-perceived long-standing limitations in usual activities due to
health problem by sex, age and income quintile. Retrieved from https://ec.eu-
ropa.eu/eurostat/databrowser/view/HLTH_SILC_12__custom_757833/default/
table?lang=en

Eurostat (2021a). Health - Overview. Retrieved from https://ec.europa.eu/eurostat/
web/health/overview

Eurostat (2021b). Frequency of fruit and vegetables consumption by sex, age and
degree of urbanisation. Retrieved from https://appsso.eurostat.ec.europa.eu/nui/
submitViewTableAction.do

Eurostat (2021c). Overweight and obesity - BMI statistics. Retrieved from https://
ec.europa.eu/eurostat/statistics-explained/index.php/Overweight_and_obesity_-_
BMI_statistics

Fries, J. F. (1980). Aging, natural death, and the compression of morbidity. *New En-
gland Journal of Medicine*, 303: 130-135.

Fries, J. F. (1983). The compression of morbidity. *The Milbank Memorial Fund Quar-
terly. Health and Society*, 61, 3: 397-419.

Gåfvels, C., Lithner, F., & Börjeson, B. (1993). Living with diabetes: Relationship to
gender, duration and complications. A survey in northern Sweden. *Diabetic Medi-
cine*, 10: 768-773.

Gåfvels, C., & Wändell, P. E. (2006). Coping strategies in men and women with type
2 diabetes in Swedish primary care. *Diabetes Research and Clinical Practice*, 71,
3: 280-289.

Gruenberg, E. M. (1977). The failures of success. *The Milbank Memorial Fund Quar-
terly. Health and Society*, 55, 1: 3-24.

Hemström, Ö. (1999). Explaining differential rates of mortality decline for Swedish men and women: A time-series analysis, 1945-1992. *Social Science & Medicine*, 48, 12: 1759-1777.

Hochschild, A., & Machung, A. (2012). *The second shift: Working families and the revolution at home.* Penguin Books.

Hopcroft, R. L., & Bradley, D. B. (2007). The sex difference in depression across 29 countries. *Social Forces*, 85, 4: 1483-1507.

Karasek, R. A. (1979). Job demands, job decision latitude, and mental strain: Implications for job redesign. *Administrative Science Quarterly*, 24, 2: 285-308.

Kim, I.-H., Muntaner, C., Khang, Y.-H., Paek, D., & Cho, S.-I. (2006). The relationship between nonstandard working and mental health in a representative sample of the South Korean population. *Social Science & Medicine*, 63, 3: 566-574. doi: https://doi.org/10.1016/j.socscimed.2006.02.004

Ko, C.-F. & Yang, M.-L. (2016). *Gender Gaps in Self-Perceived Quality of Health in EU Member States: Micro-Macro Linkages.* Paper presented at the international conference on family and health: A global perspective. July 26, 2016. Taipei, Taiwan.

Manton, K. G. (1982). Changing concepts of morbidity and mortality in the elderly population. *The Milbank Memorial Fund Quarterly. Health and Society*, 60, 2: 183-244.

Min, K.-J., Lee, C.-K., & Park, H.-N. (2012). The lifespan of Korean eunuchs. *Current Biology*, 22, 18: R792-R793.

Payne, S. (2014). Gender mainstreaming as a global policy paradigm: Barriers to gender justice in health. *Journal of International and Comparative Social Policy*, 30, 1: 28-40.

Rathgeber, E. M., & Vlassoff, C. (1993). Gender and tropical diseases: A new research focus. *Social Science & Medicine*, 37, 4: 513-520.

Ross, C. E., & Bird, C. E. (1994). Sex stratification and health lifestyle: Consequences for men's and women's perceived health. *Journal of Health and Social Behavior*, 35, 2: 161-178.

Vlassoff, C. (2007). Gender differences in determinants and consequences of health and illness. *Journal of Health, Population, and Nutrition*, 25, 1: 47-61.

Williams, C. (2000). Doing health, doing gender: Teenagers, diabetes and asthma. *Social Science & Medicine*, 50, 3: 387-396.

第五章
親密的陌生人：
義大利家庭的老人照顧模式

　　與臺灣一樣，地處南歐的義大利除了傳統上家庭組織型態傾向於擴展家庭外，家庭成員之間的關係也相當緊密。根據 Alesina 與 Giuliano（2014）的研究，義大利、西班牙、葡萄牙與希臘等地中海國家均屬於具有高度家庭主義（familism）色彩的社會，家庭成員之間保持相當緊密的互助互賴關係。在這種文化價值氛圍下，家庭被視為生命共同體，家庭成員之間除了榮辱與共、互相扶持之外，家庭利益遠高於個人，且個人生命中的重要歷程，諸如結婚或生老病死等，多在家庭中發生，也多有家人的共同參與。

　　根據 2008 年歐洲價值觀研究（EVS, 2016）調查資料，80% 的義大利受訪者認為為人父母者，應該竭盡所能育養子女；75% 的受訪者認為為人子女者，無論父母是否曾經盡到養育責任，都要敬愛父母；87% 的受訪者同意或非常同意照顧體弱罹病父母是成年子女的責任；64% 的受訪者認為成年子女應該竭盡所能提供年老父母長期照顧的責任；2017 年的歐洲價值觀研究（EVS, 2020）調查資料則顯示，71% 的受訪者同意或非常同意「讓父母引以為傲」是自己重要的生命目標之一[1]。相對的，北歐國家，以丹麥為例，受

---

[1] 目前仍有 7 個國家（比利時、賽普勒斯、希臘、愛爾蘭、拉脫維亞、盧森堡與馬爾他）的資料尚未釋出，故分析資料只包含 21 個國家。

訪者中有 67% 認為為人父母者，應該竭盡所能育養子女；38% 認
為為人子女者，無論父母是否曾經盡到養育責任，都要敬愛父母；
25% 的受訪者同意或非常同意照顧體弱罹病父母是成年子女的責
任；17% 的受訪者認為子女應該竭盡所能提供年老父母長期照顧
的責任；41% 的受訪者同意或非常同意「讓父母引以為傲」是自
己重要的生命目標之一（詳見圖 5-1）。這兩個國家受訪者對於家
庭相關重要議題的態度差異，反映出兩個社會文化價值觀的不同，
義大利受訪者無論對於年老父母的照顧意願、對於父母的敬愛程
度、或對於父母的榮辱感受均遠高於北歐的丹麥，充分反映出義大
利的高度家庭主義色彩。

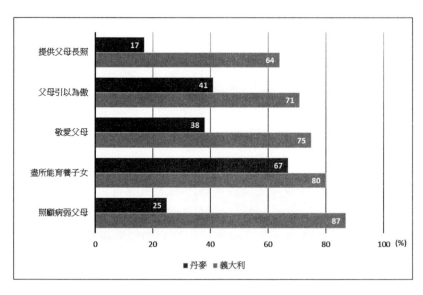

圖 5-1　義大利與丹麥對於育養子女與奉養父母的態度

　　但隨著社會經濟的發展、傳統性別角色意識型態的轉變、生育
率的持續低迷、以及因為就業所造成之遠距離遷移的增加，使得

世代同居、互相照顧的大家庭居住安排模式也在義大利社會逐漸消失。統計資料顯示，1960 年義大利的總生育率為 2.41（European Communities, 1999），2019 年降為替代水準以下的 1.27；亦即 60 年前，平均一個婦女終其一身可以生育 2.4 個子女，但近年來只有 1.27 個子女。此外，根據最近一期（2011 年）的人口普查資料，義大利的平均家戶人口數為 2.4 人；約 31% 的家戶為單人家戶，47% 為 2-3 人家戶，27% 為 4 人或以上家戶。平均家戶人口數的持續降低，除了與生育率的下降有關外，也與離婚、不婚、單親家庭的增加、以及因為就學就業所產生的遷移有關。而單人家戶比例的增加則與老年人口的獨居比例有關。根據歐洲統計局（Eurostat）資料，2019 年，義大利 65 歲以上老人獨居的比例為男性 18.2%、女性 37.8%（Eurostat, 2021a）。目前義大利 0 歲的平均餘命為男性 81.4 歲、女性 85.7 歲，幾乎是世界上最長壽的國家，但長壽並不意味著長健。統計資料顯示，2019 年義大利男性出生時免於失能的平均健康餘命為 68.1 歲、女性為 68.6 歲，換句話說，男性的生命中有 16% 的歲月（81.4 歲－ 68.1 歲＝ 13.3 年）是處於不健康狀況的，女性則有 20% 的歲月（85.7 歲－ 68.6 歲＝ 17.1 年）是不健康的。這個男女之間的健康差異會隨著年齡的增長而加劇，到 65 歲時，男性的平均餘命為 19.7 年、其間處於不健康的歲月為 9.1 年（占平均餘命的 46%）；女性的平均餘命為 22.9 年、期間處於不健康的歲月為 12.7 年（占平均餘命的 55%）（Eurostat, 2021b）（詳見圖 5-2）。老人（尤其是獨居老人）的不健康歲月要由誰來照顧？

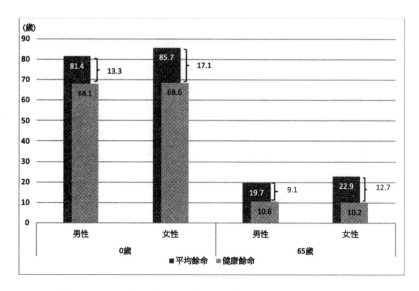

圖 5-2　2019 年義大利 0 歲與 65 歲的平均餘命與健康餘命

5-1 家庭主義下老人照顧的困境與替代選項

在高度家庭主義色彩的文化氛圍下，年老體弱的長輩多由子女或年輕家庭成員負責照顧，且主要的照顧責任多由家中女性承擔。但隨著婦女教育程度的提升以及歐盟的提升就業率（尤其是女性就業率）以增加經濟競爭力的策略，致使愈來愈多的女性走出家戶參與勞動市場，使得家庭做為老人安養天年的功能逐漸式微。根據 2010 年所規劃的「歐洲 2020 策略」（Europe 2020 Strategy），歐盟必須建構有效與現代化的經濟策略以提升競爭力，而為了彌補因為人口老化所導致的勞動力不足問題，歐盟設定 2020 年 20-64 歲的就業率應該達到 75%。由於教育程度與就業率之間存有極高的正向關係，因此歐盟各會員國一方面必須提升教育水準並降低輟學率以增進整體就業機會；另一方面則要鼓勵婦女與年長者積

極參與勞動市場。在這樣的氛圍下，義大利政府設定至 2020 年，20-64 歲工作人口的就業率以達 67% 為目標。但統計資料顯示，雖然義大利的就業率未能達標（2019 年的就業率為 63.5%），但已經比 2010 年（61%）高出 2.5 個百分點。而女性的就業率則由 2010 年的 49.5% 增為 2019 年的 53.8%；男性的增幅稍低於女性，由 72.7% 增為 73.4%。至於 55-64 歲熟齡人口的就業率則由 36.5% 增為 54.3%（男性由 47.6% 增為 64.6%，女性由 26.1% 增為 44.6%）（Eurostat, 2021c）。熟齡人口的繼續參與勞動市場，除了可以增加社會生產力以外，更重要的是可以縮短退休給付的支付年數。根據經濟合作暨發展組織（OECD）的統計資料，目前女性平均有 22 年的歲月是處於退休狀態，而男性稍短，平均約為 18 年。

　　如前所述，義大利 65 歲女性老人的平均餘命為 22.9 年，其中超過一半（55%，約 12.7 年）的歲月是處於失能不健康的狀況，而 65 歲男性老人的平均餘命中（19.7 年）約有一半的歲月（9.1 年）是處於失能不健康狀況的。在高度家庭主義的傳統價值觀影響下，義大利失能老人及其家人均刻意避免使用政府所提供的老人相關公共設施，諸如療養院或安養中心等，以防被冠上「冷血及不關心老人」（cold-hearted and ignorant people）的輿論標籤（Isaksen, 2011），因此失能老人多由家人負責照顧。此外，義大利許多地區（尤其是南部地區）仍保有非常傳統的性別角色分工價值觀，盛行的是「男性養家模式」（male-breadwinner model），男性寧願延長工時或尋求第二份工作，也不願意由妻子出外工作以增加家庭收入，因此老人的照顧責任就由家庭中的女性來承擔（Isaksen, 2011）。設若家中女性無法承擔照顧的沉重負擔（例如需要 24 小時照顧不良於行的老人）則多以聘用家庭看護工來替代。由於在地全職看護工的薪資較高（月薪約在 900-1,000 歐元左右），因此多改為雇用薪

資較低的外籍看護工來照顧，而這些外籍看護工多為非法工作的跨國移工。

　　根據 Isaksen（2011）在西西里島的質化研究，當地社區中經常可以看到張貼著「Una donna Straniera」（外籍女性）的廣告，這就是尋求或引薦外籍看護工的非正式聯絡管道。在義大利，其實更多外籍看護工的雇用是經由親友或街坊鄰居等私人網絡而取得的。對有看護需求的家戶來說，除了經由親友或鄰居之間的私下口耳相傳外，天主教教會的神職人員也會居中引介媒合，這主要是因為義大利天主教教會接受政府的委託，提供臨時居住場所給無家可歸者，而這些跨界尋求工作機會的外籍勞工在沒有固定住所之前，也會借住天主教教會所提供的住宿場所，因此教會得以居中引薦或篩選適合的外籍看護工給有需求的在地家庭。此外，義大利基本上是一個天主教信仰的國家，絕大多數人民有上教堂望彌撒的習慣，因此教會神職人員（尤其是修女）對於社區居民的生活狀況知之甚詳，故能協助引薦合適的外籍看護工給有需要的家庭。另一方面，就跨界尋求工作的看護工來說，多是透過已經在義大利的親友介紹工作，或者經由借住教會臨時居住場所的移工傳遞工作機會。因此，整個照顧老人的看護工市場幾乎等於民間地下經濟，也被簡稱為灰色市場（grey market），而這些外籍看護工（主要為女性）則泛稱為 badante（複數為 badanti）。由於 badanti 有貶抑的意涵，因此近年來多改稱為家庭助理或家庭看護（assistenti familiari）。

　　絕大多數的義大利外籍看護工為中年女性，年齡介於 30 至 50 餘歲之間，主要來自鄰近的東歐國家（諸如羅馬尼亞、烏克蘭、摩爾多瓦共和國、波蘭與阿爾巴尼亞等）、北非（例如摩洛哥）、南美洲（秘魯、厄瓜多爾與哥倫比亞）、以及東南亞國家（主要是菲律

賓）。這些女性看護工的教育程度相對不低，多數有高中職以上學歷，少數有大學學歷。她們跨界工作的主要原因在於原生國的工作機會不多薪資也低廉，為了家計或生活品質不得不離開原生國尋求更好的工作機會。統計資料顯示，1991年義大利約有18.1萬正式登記的家庭看護工（domestic care workers），其中16%為外籍；至2010年，總數增為148.5萬，其中72%為外籍（Lamura et al., 2010）。但實際從事家庭看護工工作的人數應該遠高於這個數字，因為多數的外籍看護工是以非法身分受雇於私人家戶。根據相關學者的估計，非法看護工的數據至少在80萬以上（Rugolotto et al., 2017）。

　　來自羅馬尼亞或波蘭的看護工，因為同為歐盟成員國的關係，可以在義大利自由進出或合法工作，但烏克蘭、摩爾多瓦、菲律賓、摩洛哥等非成員國看護工則多以觀光或學生簽證進入義大利非法工作。由於是非法工作，因此多數外籍看護工（無論是否持有合法簽證）都沒有與私人家戶的雇主簽訂正式工作契約，也沒有明訂工作內容，而是經由口頭協定方式達成協議。勞雇雙方之所以沒有簽訂正式工作契約，主要是為了避開稅金與社會保險金的支付以及法定工時的限制。看護工的工作內容相當繁瑣，包括打掃、備食、餵食、洗澡、穿衣、按時協助服藥或打針、陪伴、購物、出門就醫等，若是臥床老人則要負責擦澡與換尿布等。如果照顧的老人住院，也要一起前往照顧。萬一照顧的老人病故，就得另起爐灶重新尋找工作。一般說來，非法看護工或沒有正式簽訂工作合約者每月的薪資約在900-1,200歐元左右，若與雇主同住，薪資較低、工作時間也相對較長，往往是24小時待命，不過原則上一個星期可以有一天半的休假（大多是星期六下午與星期日一整天）。

5-2 家庭看護工、老人與家屬的三角關係

對雇主來說，雇用外籍看護工雖然有語言與文化上的隔閡，但外籍看護工的薪資較低廉、工時較長又有彈性、而且與雇主同住可以增加照顧的方便性與連續性；此外，多數義大利家庭認為來自開發中國家的看護工比較有愛心與耐性，也比較尊重老人。一位 97 歲退休警官，Luigi ，就感嘆的說：「如果沒有外籍看護工，我的日子會很難過。」（D'Emilio, 2007）。

Luigi 的妻子已經過世，一個姐妹與三個兄弟也已經不在人世，他雖然沒有不良於行，但隨著年齡的增長，獨自生活的能力下降，不得不在 96 歲時開始雇用一位陌生人來協助。這位陌生人就是 48 歲、離婚、來自烏克蘭的外籍看護工，Rita。Rita 與 Luigi 同住，每天早上會準備餅乾與牛奶咖啡給 Luigi 當早餐，然後打掃房子或出門購物準備午餐，飯後協助 Luigi 午睡，睡醒後陪 Luigi 出門散步到街角與其他老人閒話家常。在 Luigi 與鄰居閒聊之際，Rita 則可以與同樣陪著老人出門散步的來自不同國家的看護工，八卦大街小巷的家務事。

Luigi 有兩個兒子，一個已經過世，另一個兒子已婚有一個兒子住在附近。每個星期 Rita 有一天半的休息時間（星期四下午與星期天），Rita 不在的星期四下午 Luigi 的孫子會過來陪伴；星期天早上兒子全家過來探視並帶來午餐，但不會留下來與他一起用餐。Luigi 從沒想過會單獨與一位「陌生人」一起度過晚年，但這種情形已經逐漸變成義大利老人的一種生活安排。

多數義大利老人與外籍看護工維持良好的勞雇關係，但有些老人極力反對由看護工照顧。有位義大利單身男性（55 歲）與寡母

同住，但隨著母親生活自理能力的下降，既無法處理家務也無法自己洗澡，兒子只好雇用一位 30 歲的烏克蘭籍女性來照顧，以避免幫助母親盥洗所產生的尷尬。但這位母親認為照顧父母是子女而不是看護工的責任；她不信任看護工，也不願與看護工一起用餐，理由是她無法在外國人面前缺著牙齒吃東西。這位母親也認為無需支付薪資給看護工，理由是看護工吃住都在家裡，是客人。為了避免爭執，兒子只能私下付款給看護工（Rugolotto et al., 2017）。

　　對雇用外籍看護工的家人來說，他們既希望看護工能把受照顧的老人當作親人看待，多加關心與愛心，又擔心她們與老人或家屬的關係過於密切，以致於老人受騙或財務受損。有位來自摩爾多瓦共和國的 27 歲女性看護工說，她所照顧的一對老夫婦住在女兒家，女兒白天有工作不在家，但會監督工作內容。這位女兒雖然常與老婦人有口角，但還是不忘監督，而且白天經常安排附近鄰居以探視老夫婦為理由過來閒聊串門子，但其真正目的是在監視看護工的工作品質，以便匯報給這位女兒（Rugolotto et al., 2017）。有些義大利人認為外籍看護工多是「金錢獵人」，她們來義大利擔任看護工的主要目的是找人結婚，然後長期居留並享受一切社會福利。有位女士的兄弟是一位單身的教員，為了照顧年老的父母，雇用了一位年約 40 歲、離婚、有兩個小孩的羅馬尼亞籍非法看護工。看護工的工作內容由這位兄弟負責安排監督，但曾幾何時，這位兄弟竟與看護工陷入戀愛，後來決定結婚。婚後，這位媳婦嫌老夫婦太吵、照護工作太多，就把老夫婦送到養老院去（Rugolotto et al., 2017）。有位臥床無法言語的女姓老人由兒子雇用外籍看護工照顧，看護工不但沒有隨侍在側給予及時照顧，反而趁著老人無法下床不能言語的狀況，白天經常跑出去、或者帶丈夫來家中住宿、或者休假復工時（星期天晚上）帶著濃濃的酒氣回來（Da Roit & Le

Bihan, 2011）。

　　對外籍看護工來說，她們跨界工作的目的在於經濟因素，而從事看護行業的理由則是因為可以在義大利工作的機會不多，看護工作最容易上手，而且與雇主同住可以降低被發現非法工作的危險。有些看護工與雇主維持非常好的關係，例如已經從事看護工作 16 年的 Angela，她來自智利，已經 57 歲，她所照顧的獨居女性老人健康狀況不好，所以 Angela 要處理一切大小事，不但要適時協助服藥，還要費心準備適合老人身體狀況的餐點。Angela 把雇主當作自己家人般照顧，她認為自己的付出遠高於所得到薪資，但她樂於讓生病的老人舒適的過生活（Screti, 2005）。另有位看護則讚賞義大利老人的慈祥與紳士風度，她原來受雇照顧一對老夫婦，後來老太太病重亡故，老先生認為女性看護不宜在夜晚單獨與他同處一個屋簷下，因此堅持以上下班制聘用她。因為老先生的信任與尊重，所以在下班前她會確定一切安適再離開（Rugolotto et al., 2017）。另有一位看護則特別感謝雇主的愛心，受雇期間她突然生病，雇主不但送她去醫院治療，還像家人般照顧她到身體康復（Vianello, 2014）。

　　對多數外籍看護工來說，雖然從事的是最基本也最低層的行業，但她們希望雇主可以給予更多的尊重與信任。有位看護工就認為老人的家人對於珠寶以及名畫的重視程度遠高於老人所受到的照顧品質，因為：「老人的女兒在我入住以前就把老人家中所有貴重的東西搬走了。」（Rugolotto et al., 2017: 188）。另一位受過高等教育的烏克蘭籍看護則說，她所照顧的一對老夫婦沒有受過多少教育，家境也不是特別富裕，但因為義大利的人均所得較高，所以付得起來自低所得國家的看護工。這位老太太以前是私人家戶的佣人、老先生是園丁；而受過高等教育的自己卻必須時時低頭稱是，

服從低社經地位雇主的指派，因此心生嫌惡與怨懟。老先生經常指派工作，看護工白天少有時間休息，也不能出門，晚上則必須起床2-3 次幫老太太換尿布。老夫婦家裡準備的食物不多，所以看護工經常得向他們要錢出去添購。老先生認為看護工食量太大、吃得太多，看護工反駁道：「我還要活命，所以我得吃東西，你若不想活就不要吃東西。」（Vianello, 2014: 92）。

5-3 義大利症候群

　　義大利症候群是一種憂鬱症狀，來自東歐的看護工由於照顧私人家戶中無法獨立自理生活的老人，長期處於孤立、壓力與面對老人病痛或亡故等不愉快的生活狀況下，因而產生一種焦慮、冷漠、失眠、悲傷、並有精神與肢體上的衰弱與無力感，兩位烏克蘭心理醫生，Andriy Kiselyov 與 Anatoliy Faifrych ，將這種症狀稱之為「義大利症候群」（Italian syndrome）（Welle, 2019）。一位 49 歲的羅馬尼亞女士，Ana ，在義大利擔任看護工 15 年（2003-2018）之後，就是因為罹患這種精神疾病而回到羅馬尼亞養病。為了家計，Ana 在 2003 年決定離開 2 歲的兒子與丈夫隻身前往義大利從事照護工作，第一位雇主是一位 94 歲的女性老人，不好相處，經常有語言暴力。工作壓力與想家的關係，Ana 開始失眠，體重也急速下降，2 個月內瘦了 10 公斤。這些生活上的孤寂與工作上的壓力不但無法得到丈夫的諒解與支持，丈夫反而將她匯回去的金錢輕易花光，Ana 不得不在 2012 年離婚並將兒子委託姐姐照顧。家庭與工作上的挫折使 Ana 倍感壓力，後來甚至無法爬樓梯、不敢獨自出門，連跨越街道都有困難，最後只好結束義大利的看護工生涯回到羅馬尼亞尋求協助（Mihala & Vinci, 2019）。

　　另一位來自羅馬尼亞的看護工，Doina，則是為了支付女兒的學費而到義大利工作，有位女性雇主要求她必須將屋內角落的走道擦亮，但無論擦多少次雇主都不滿意，Doina 不能反抗，只好待在角落擦 4 個月的走道。另一位雇主則有酗酒問題，不但整天醉醺醺還會有語言暴力。為了薪資收入，這些工作上的苦楚與無奈只能自己獨自承受。Maria Gradinariu 是另一位義大利症候群的受害者，她在義大利整整工作了 16 年，改善了家計但也喪失了與家人相聚的機會，這期間她的母親、丈夫、公公、婆婆、兄弟等相繼去世；對她來說在義大利的生活就是：「工作、工作與工作。」Maria 認為自己會有這個症候群就是因為缺乏自由。Badante 的身分只允許她在星期四下午與星期天的休息時間可以自由呼吸，但這個短暫的自由卻往往被臨時打斷而得回去工作。Maria 認為自己經常選擇犧牲休假的理由很簡單，「雇主要人，我們要錢。」（Mihala & Vinci, 2019）。

　　對多數跨界工作的女性照護工而言，為了支撐家計、改善生活品質、或者為了子女的學費，她們必須在異鄉獨自承擔工作上的壓力、無助與想家的痛苦，而且基於經濟考量，也必須節儉過生活。但在長時間的隔離下，她們無法扮演好母親的角色，婚姻關係也有可能因而破裂，在羅馬尼亞社會她們被冠上「失職母親」的烙印；而在義大利社會，則由於處於非技術性工作的低社會階層，附加上少數看護工與受照顧的老人或其家屬結成婚姻關係，因此被形容成「金錢獵人」或專門「釣金龜婿」的物化女性。這些雙重壓力與挫折、失望、不被尊重或認可是造成精神疾病的重要原因。

　　此外，根據 Vianello（2014）的研究，部分受過高等教育的烏克蘭看護工則在義大利的看護工作中面臨雙重社經地位下降的認同危機。1992 年蘇聯解體後，烏克蘭獨立並轉型成市場經濟國家，

受過高等教育或原在共產主義社會享有較高地位者，由於政治經濟轉型而喪失了原有的工作與收入，使得他們感受到經濟窘迫與找不到合適工作的困境，因而面臨第一重的社經地位下降。其次，為了改善家計與生活品質，許多女性（包括受過高等教育並從事於教育、健康或公共服務等白領階級者）轉往義大利從事看護工作。在義大利以現金給付代替養老設施的福利制度下，失能老人每月可以領取政府所提供的 500 至 800（或 1,000）歐元的失能現金給付，這筆金額加上退休金足以讓義大利老人聘用來自人均所得較低的外籍看護。2018 年，烏克蘭的人均所得為美金 9,030 元，而義大利則高達 43,260 元，兩國的差距在 4 倍以上。一位曾為音樂老師的烏克蘭籍看護工就覺得，自己淪落到為低教育程度、低社經地位的義大利家庭洗刷浴室、整理家務是生命中從未有過的羞辱，但為了收入，她們必須忍受，這是烏克蘭看護工面臨的第二重社經地位下降的認同危機。不過，並不是所有的烏克蘭籍看護工都有社經地位雙重下降的挫折感，對於原就屬於低社經地位的烏克蘭人來說，義大利的看護工生涯不但增加收入改善生活品質，也因而抹平了原來存在於烏克蘭社會地位高下的差異。

5-4 家庭式福利制度的未來

2019 年，義大利總人口 6,036 萬，總生育率 1.27，調整後淨移民率為千分之 1.16。如果沒有移民的持續加入，義大利早在 1976 年就開始人口負成長。但過去數十年來移入人口的增加並沒有終止總人口負成長的趨勢，2015 年義大利總人口數達到最高峰（6,080 萬），之後即開始呈負成長，預計到 2050 年總人口將降為 5,810 萬左右。但在總人口持續下降的同時，65 歲以上老年人口的比例卻由 1976 年的 12.2% 增為 2019 年的 22.8%，成長了 87%；80 歲以上老

年人口比例則由 1.9% 增為 7.2%，成長了 2.8 倍。統計資料顯示，65 歲以上老人的失能率為 53.4%（男性 50.1%，女性 55.9%）；75 歲以上人口的失能率增為 65.1%（男性 62.3%，女性 66.9%）。以 65 歲以上老年人口中嚴重失能率的 12.8% 來計算，義大利約有 176 萬的老人無法自理日常生活，但義大利的療養院與老人院的床位數卻不到 30 萬（World Health Organization, 2020），這些照顧缺口就得由家庭來補足，而當家庭人手不足時就由家庭照護工來支援；當在地看護工的薪資過高時，就轉而聘用薪資較低廉的外籍看護工來替代。義大利的老人安養模式逐漸由「家庭照顧模式」轉為由「外籍看護在家照顧的模式」，被視為是一種寧靜的社會革命。

將照顧年老父母的責任改為聘用外人照顧，在臺灣被稱之為「孝道外包」，頗具戲謔意涵。在義大利則被部分人士批評為破壞傳統家庭價值的不當之舉，並質疑政府縱容非法外籍看護工的存在是助紂為虐的行為。但 Rugolotto 等學者（2017）卻認為外籍看護工的出現不但沒有降低家庭親密關係的去家庭化（de-familization）現象，反而是鞏固了傳統的家庭價值（re-familization），因為如果沒有全職看護工的陪伴與照顧，失能老人是無法單獨在家生活或完全由家人協助照顧的。Isaksen（2011）甚至進一步認為，全職外籍看護工的存在強化了中產階級在社會中足以受到尊重的形象—亦即沒有出現將失能父母送到養老院去的「冷血行為」。因此，外籍看護工的出現被支持者認為是天降甘霖，是「上帝的禮物」。對於反對雇用外籍看護工的人士來說，外籍看護工是廉價的奢侈品，為人子女者不應該藉此逃避自己的道德責任。但對於雇用外籍看護工的家庭來說，全職外籍看護工的雇用只是勞務的外包行為，她們只扮演協助家人照顧而不是替代家人照顧的角色，因為多數外籍看護工基本上只負責梳洗、清潔、餵食與陪伴等

實務工作，有關於照護安排、就醫、財務、以及與社福單位聯絡接洽等行政事務仍得由子女或家人負責管理。

在義大利的照顧文化（care culture）影響下，老人照顧議題一直被視為家庭私事。文化上，一般家庭多以居住安養院或老人住宅為恥；概念上，一般多認為政府所提供的相關設施都是以濟貧救助為標的，除非不得已，一般人（尤其是中產階級以上者）不會願意被冠上使用濟貧福利設施的負面形象。因此政府並未積極規劃以實物服務為主的老人相關設施，而是改以現金給付的方式提供失能老人自由使用。根據現行義大利的政策，完全失能老人，無論貧富，由中央政府提供每月 480 歐元的失能補助，地方政府則依據財政狀況提供居家服務，或者每月 300-500 歐元的現金補助。這些現金給付可由老人自由分配使用，可以做為家用、給付給提供照顧的家人、或者用以雇用全職或兼職的私人看護。

對許多外籍看護工而言，非法工作或沒有簽訂正式工作契約，雖然影響了自身的勞工權益（諸如年度休假、病假、失業津貼、醫療保障與退休金等），但卻不用繳納所得稅與社會福利保險金，因此可以以較低的時薪逾時工作或者兼差第二份工作以增加收入。此外，沒有契約的工作也可能因為受照顧老人病故或搬遷等不可預料事件而被解雇，但看護工反而可以利用這個工作空檔回家休息或探視家人。因此，對於有計畫非長期居留義大利的看護工而言，不確定的雇用期限與非契約性工作反而是機會而不是障礙。2009 年的統計資料顯示，14% 的老人家戶（即家戶中至少有一名 65 歲以上老人）雇用看護工，32% 有 80 歲以上嚴重失能老人的家戶雇用外籍看護工。約有三成（29.5%）的外籍看護工照顧獨居老人、19.5% 照顧年老夫婦，7.5% 照顧與家人同住的老人（Costa, 2013）。外籍看護工的工作內容可能只限於照顧老人，但也可能包

括一切清潔與家務管理。將近八成（79.6%）的外籍看護工與照顧對象同住，平均每個星期的工時（59 個小時）遠高於非同住型看護工（平均 39 個小時）。根據 2010 年代初期的估算，義大利每年約花費 950 億歐元在私人看護工上。

5-5 結語

面對快速人口老化所引起的老人長照問題，義大利政府並沒有積極增建療養院或養護中心來照顧失能老人，反而是選擇以現金給付的方式由家庭來解決。失能老人可以利用政府所提供的津貼自由使用於購買照顧服務、支付療養院費用、或者貼補給提供照顧的子女或親戚。由於多數老人偏好在家養老，社會價值觀也傾向於支持「成年子女有義務提供年老父母長照責任」的說法，但是隨著女性教育程度的提升與家戶外勞動參與率的增加，家庭的照顧功能逐漸式微，老人的照顧模式因此（或不得不）逐漸由「家庭照顧模式」轉為「外籍看護在家照顧的模式」。

對於無法兼顧工作與家庭照顧責任的成年子女來說，收費較為低廉的外籍看護工的出現是上帝的禮物，但也被反對人士批評為破壞傳統家庭價值的不當之舉，更是政府長期以來對於長照政策的漠視與缺乏宏觀規劃所造成的社會失序。來自羅馬尼亞的看護工 Maria Cisiu 就坦承，雖然包括吃住每個星期又有 200 歐元薪資的看護工作非常辛苦又孤寂與想念家人，但這筆收入卻能提供羅馬尼亞家人溫飽舒適的生活。根據 Maria Cisiu 在義大利工作 9 年的經驗，聘用私人看護照顧失能老人的義大利家庭，雖然可以避免不負照顧責任的輿論批評，但家庭關係未必和諧，受到家人虐待的老人也不在少數（Besliu, 2017）。

　　韓國學者Kyung-Sub Chang（2010）認為在一個過度快速邁向現代性的社會，家庭所被賦予的功能已經出現超載的現象（functional overloaded）。現代家庭既要保留傳統的奉養父母育養子女的功能，還要保有雙薪的收入才能維持生活品質。在魚與熊掌不能兼得的情況下，首先被犧牲的選項便是育養子女，超低生育率的出現便是最直接的結果。其次是年老父母的照顧責任委由費用較為低廉的外籍看護工來承擔，臺灣與韓國都是明顯的例子。未來的老人要由親密的家人在家照顧，或者由親密的陌生人在家照顧、或在機構照顧是值得深思的議題，更是政府與民間需要共同超前部署的嚴肅課題。

參考文獻

Alesina, A., & Giuliano, P. (2014). Family ties. *Handbook of Economic Growth* (Vol. 2, pp. 177-215). Elsevier.

Besliu, R. (2017, January 3). Modern servitude: Romanian badante care for elders in Italy. Retrieved from https://yaleglobal.yale.edu/content/modern-servitude-romanian-badante-care-elders-italy

Chang, K.-S. (2010). *South Korea under compressed modernity: Familial political economy in transition.* Routledge.

Costa, G. (2013). Private assistants in the Italian care system: Facts and policies. *Observatoire de la société britannique,* 14: 99-117. doi: https://doi.org/10.4000/osb.1536

Da Roit, B., & Le Bihan, B. (2011). Cash-for-care schemes and the changing role of elderly people's informal caregivers in France and Italy. In Pfau-Effinger B. & Rostgaard T. (Eds.), *Care between work and welfare in European societies. Work and welfare in Europe* (pp. 177-203). London: Palgrave Macmillan.

D'Emilio, F. (2007, July 7). New twist on old world: Ageing Italians rely on nurses and immigrants. *USA Today.* Retrieved from https://usatoday30.usatoday.com/news/health/2007-07-07-aging-italy_n.htm

European Communities (1999). *Demographic statistics: Data 1960-99.* Luxembourg: Office for Official Publications of the European Communities.

Eurostat (2021a). Distribution of population aged 65 and over by type of household - EU-SILC survey. Retrieved from https://ec.europa.eu/eurostat/databrowser/view/ILC_LVPS30__custom_762473/default/table?lang=en

Eurostat (2021b). Health - Overview. Retrieved from https://ec.europa.eu/eurostat/web/health/overview

Eurostat (2021c). Employment rate by sex. Retrieved from https://ec.europa.eu/eurostat/databrowser/view/tesem010/default/table?lang=en

EVS (2016). European Values Study 2008: Integrated Dataset (EVS 2008). GESIS Data Archive, Cologne. ZA4800 Data file Version 4.0.0, doi: 10.4232/1.12458.

EVS (2020). European Values Study 2017: Integrated Dataset (EVS 2017). GESIS Data Archive, Cologne. ZA7500 Data file Version 4.0.0, doi: 10.4232/1.13560.

Isaksen, L. W. (2011). Gendering the stranger: Nomadic care workers in Europe - A Polish-Italian example. In Daul H. M., Keränen M., & Kovalainen A. (Eds.), Europeanization, care and gender (pp. 141-151). London: Palgrave Macmillan.

Lamura, G., Chiatti, C., Di Rosa, M., Melchiorre, M. G., Barbabella, F., Greco, C., Principi, A., & Santini, S. (2010). Migrant workers in the long-term care sector: Lessons from Italy. *Health and Ageing*, 22, 4: 8-12.

Mihala, L., & Vinci, R. (2019, February 12). Why Romanian migrant women suffer from 'Italy syndrome'. Retrieved from https://www.aljazeera.com/indepth/features/romanian-migrant-women-suffer-italy-syndrome-190212095729357.html

Rugolotto, S., Larotonda, A., & van der Geest, S. (2017). How migrants keep Italian families Italian: Badanti and the private care of older people. *International Journal of Migration, Health and Social Care*, 13, 2: 185-197. doi: https://doi.org/10.1108/IJMHSC-08-2015-0027

Screti, F. (2005). Elderly depend on immigrant women for caregiving. Briefing paper. New York: Global Action on Aging.

Vianello, F. A. (2014). Ukrainian migrant workers in Italy: Coping with and reacting to downward mobility. *Central and Eastern European Migration Review*, 3, 1: 85-98.

Welle, D. (2019, March 31). Romanian carers in Italy: 'I miss my family so, so much'. *New York Times*. Retrieved from https://www.taiwannews.com.tw/en/news/3669833

World Health Organization (n. d.). European Health Information Gateway. Retrieved from https://gateway.euro.who.int/en/hfa-explorer/

第六章
數位化下的尊嚴：
丹麥老人的自立自強

　　相似於其他北歐國家（Nordic countries），丹麥採行的是全民普及式（universal）的社會福利制度，只要是公民就享有使用公共服務的權利（rights to social services），而老人照護就是屬於全民社會福利政策的一環。丹麥老人照護政策的最大特色為去家庭化（de-familisation）與去機構化（de-institutionalization）。去家庭化指的是家庭不被認為要負起照顧的主要責任，法律也沒有規定成年子女必須奉養父母。去機構化則強調機構照顧是老人照顧政策的最後選項，而不是唯一或首要選項。由於絕大多數丹麥老人希望能夠盡量延長在自家養老與終老的歲月，因此政府在人口快速老化而照顧人力又無法適時補足的情況下，乃逐步規劃出顧及個人尊嚴的數位化老人照護政策，該政策的出發點為期冀透過創新的科技輔助器材，加上遠距醫療與居家照護，協助老人維持獨立自主又有尊嚴的家居生活。

6-1 丹麥的人口與健康

　　2020 年丹麥總人口 581.2 萬，其中將近五分之一的人口（19.9%，約 115 萬）為 65 歲以上老人，4.7%（約 27 萬）為 80 歲以上老人。丹麥的總生育率雖然在 1960 年代末期以後即低於

替代水準的 2.1，但由於持續有移民的加入，所以總人口還是呈
正向成長（詳見圖 6-1）。但就人口結構而言，過去 60 年以來，
0-14 歲幼年人口占總人口比例由 25.5% 降為 16.4%，但 65 歲以上
老年人口占比成長了幾乎 2 倍，由 1960 年的 10.5% 增為 2020 年
19.9%，80 歲以上人口則成長了將近 3 倍，由 1.6% 增為 4.7%。面
對遲遲無法提升的生育率以及持續延長的平均餘命，30 年後，到
2050 年老年扶養比將由目前的 31.1% 增為 43.4%，屆時平均每 2.3
個勞動人口要支持 1 個 65 歲以上老年人口（Eurostat, 2021a）。

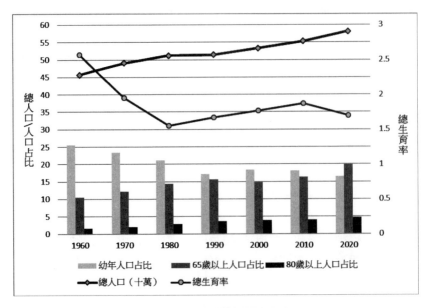

圖 6-1　丹麥總人口、年齡結構與總生育率，1960-2020

　　2019 年丹麥的人均所得將近美金 6 萬元，世界排名第九，
在歐盟 28 國中排名第三（僅次於盧森堡與愛爾蘭）。在教育程度
與勞動參與率方面，丹麥男女兩性差異不大，2019 年 20-64 歲男
女兩性的就業率分別為 82% 與 75%，高出歐盟平均值的 80% 與

68%（Eurostat, 2020a）。但在教育程度方面，2019 年，35-44 歲年齡組人口中女性擁有高等教育學位的比例則高出男性約 11 個百分點（分別為 52.0% 與 41.0%），就連 55 歲到 64 歲熟齡人口中，也是女性的比例高於男性 9 個百分點（分別為 35.4% 與 26.0%）（Eurostat, 2020b）。根據歐盟所設計用來衡量兩性平權程度的性別平權指數（Gender Equality Index），2020 年丹麥的數值高達 77.4，在歐盟排名第二，僅次於瑞典的 83.8（European Institute for Gender Equality, 2018）。除了在公領域的高度兩性平權外，丹麥人對於傳統性別分工與性別角色期待的刻板化印象也是歐盟成員國中偏低的，根據 2017 年歐洲價值觀研究（European Values Study, EVS, 2020）調查資料，在「工作機會稀少時，工作機會應該優先保留給男性」的議題上，只有 2% 的丹麥受訪者同意或非常同意這個說法，但在高度家庭主義的義大利則有將近四分之一（23%）的受訪者持此看法，東歐的羅馬尼亞則高達四成（41%）左右。

歐盟統計局資料顯示，2019 年丹麥 65 歲老人的平均餘命為男性 18.4 歲、女性 21 歲，但男性免於失能的健康歲月只占老年生命的 57.1%（10.5 年），女性僅達 56.2%（11.8 年）（Eurostat, 2021b）。此外，與多數歐盟成員國一樣，性別的健康差異也在丹麥出現，丹麥女性老人的自評健康狀況為好或非常好的比例低於男性約 5 個百分點（分別為女性 54.9%、男性 60.1%），但因為健康因素而導致嚴重或輕微生活無法自理的比例則是兩性差異不大，分別為男性 39.1%、女性 41.4%（Eurostat, 2021c）。這些因為年齡與健康關係而無法自理日常生活的老人要由誰來照顧？根據 2017 年歐洲價值觀研究調查資料，只有將近五分之一（21%）的丹麥受訪者同意或非常同意「成年子女有提供父母長期照護的責任」，顯然，在高度性別平權的丹麥社會，家庭成員的照顧責任既不會完全落在

女性身上，老人的長照責任也不會期冀完全由子女來承擔。因此，丹麥政府轉而藉由積極發展數位科技（digitalized technology），推行有尊嚴的老人照顧（dignified elderly care）政策。

6-2 雙 D 政策下的老人照顧

　　雙 D 政策的第一個 D 指的是數位化（Digitalized）的照顧，第二個 D 指的是有尊嚴（Dignified）的生活。二次大戰以前由於醫療科技與社會經濟發展程度較低，罹患重大疾病或失能老人的存活機率較小，因此無法獨立自理日常生活的老人多在家人短期照顧或醫療院所中終老。但隨著醫療科技的逐漸改善，罹患慢性疾病需要長期醫療照護的老人逐漸增多，醫院急性病床的數量反而受到慢性病床的排擠，所需支付的醫療費用更成為社會與政府的沉重負擔。1960 年代以後，丹麥政府就改由療養院或養老中心來解決罹患慢性疾病老人的安養問題。但這種集中照顧方式往往造成老人的抑鬱與疏離，對於老人的健康也沒有正面影響，因此在 1980 年代以後逐漸改採居家照護（home care）方式，提供老人較為全面性的長期照顧。根據丹麥社會福利法（Consolidation Act on Social Services），所有丹麥公民均享有免費的醫療與社會福利。丹麥的老人照護與醫療健康系統分別由中央政府、5 個行政區域（Regioner）與 98 個自治市（Kommuner）三個行政層級分層負責。中央政府負責規劃整個醫療與照護藍圖，行政區域負責醫療照護系統的提供與規劃，自治市實際提供老人所需的各種照護，諸如預防保健、復健治療與身體機能訓練、居家照護與老人照顧等。

　　丹麥老人照護政策的核心概念為「預防勝於治療」，除了提供年邁或失能老人所需相關福利服務外，更積極主動介入老人的健康

管理與預防性照護，以協助老人維持既自主又有尊嚴的日常生活。因此所有居民在年滿 75 歲之際，會收到自治市政府所寄送的生日祝賀卡並與老人預約家庭訪視時間。根據丹麥社會服務法的預防性訪視制度之規定，地方政府（即自治市）必須一年兩次派員（主要為具有醫學訓練背景的居家照護護理師）訪視 75 歲以上老人的身心理健康與生活狀況，再將相關資訊記錄成數據檔存放於負責單位的管理中心，市府的居家照護經理（home care manager）、健康管理師以及相關工作人員再依據這份資料，提供適合個人需要的服務以及預防性的健康管理計畫，並隨時更新內容以加強服務的全面性聯繫，藉以提升老人的生活品質。

　　為了推行有尊嚴的老人照顧政策，丹麥政府一方面提供數位科技電子化健康醫療系統（即 e-health），一方面獎勵福利科技（welfare technology）與老人福祉科技（gerontechnology）的研發，以有效提升服務的品質與效率。根據丹麥中央政府、行政區域與自治市等三個行政層級分別於 2013 年與 2018 年所共同策劃的「數位福利：賦權、彈性與效力」（Digital welfare: Empowerment, flexibility and efficiency）與「2018-2022 數位健康策略」（Digital health strategy 2018-2022），在人口快速老化而照顧人力明顯不足的狀況下，丹麥政府必須利用先進的醫療技術與數位科技平台規劃出以病人為中心的健康照護網，才能確保病人得到整體性的照顧。因為唯有透過完整的數位資訊網絡，才能有效率的整合醫院、區域健康服務羣、診所醫師與相關工作人員的服務，進而透明化病人所接受的各項診治與照顧，以避免重複浪費或掛一漏萬。

　　在 e- 健康照護網的規劃下，病人或需要照顧的老人才是整個系統的主角，因此相關單位積極設計出適合老人使用並簡單易學的電腦設備，鼓勵老人透過數位科技互動應用系統，隨時反映個人的

體能狀況以及接受治療後的主觀感受與變化，醫療院所與照顧提供者則可以根據這些訊息適時調整用藥、療程或照顧計畫。此外，醫院或居家照護的照顧提供者若能透過簡單的手機 APP 提醒病人或老人服藥、就診或施打預防針，則可大大減省服務的人力與時間。統計資料顯示，2011 年仍有將近一半（44%）的 65 至 89 歲老人從未使用網際網路，但 5 年後，到 2016 年這個比例已降為低於五分之一（19%）。

6-3　醫療照護與居家照護的整合

　　根據丹麥政府的規劃，在數位科技的協助下，不再是病人將就醫療健康系統，而是醫療健康系統配合個人的需求提供適切的療程與復健計畫。在其 2018 年出版的《2018-2022 數據化健康策略：全民健康網絡概要》（*Digital Health Strategy 2018-2022: A coherent and trustworthy health network for all*）報告中（Sundhedsministeriet, 2018），丹麥政府就以一個罹患肺阻塞老人的例子，說明醫療照護系統如何整合居家照護系統，賦權（empower）也賦能（enable）老人維持自主的日常家居生活。首先，當老人被醫院專科醫師診斷出有肺阻塞的症狀後，這個訊息就透過共享的數位資料平台通知老人的家庭醫師，同時也會安排老人與家庭醫師的診約，老人可以由家庭醫師的電腦中瞭解醫院所規劃的整體療程，並與家庭醫師討論療程細節與在居家生活上應該注意的事項。由於肺阻塞病人容易有咳嗽與呼吸不順暢的現象，因此除了藥物治療外，也需要注意飲食與生活作息，尤其需要持續訓練深度呼吸與肌肉耐力。因為老人若經常出現缺氧呼吸窘迫，就會減少走動或活動的機會，這會導致肌肉無力，肌肉無力就更容易限縮日常活動的質與量，惡性循環的結果，就會迅速老化、導致臥床無法自理日常生活。

在資料共享的數位系統操作下，老人可以瞭解並分享自己即將面臨的醫療過程以及可能面臨的緊急狀況給同住家人，同住家人也會被列為緊急聯絡人並登錄在老人的資料檔中。萬一老人發生緊急狀況需要入院治療，任何一家醫院都可以透過共享的資料（包括平常的血壓、心跳、肺活量、用藥紀錄等）做緊急處理。若緊急入院就醫之際沒有家人同行，醫院會儘速通知資料上所臚列的緊急聯絡人。住院療程結束後，家庭醫師隨即收到整個入院治療經過的報告以及未來可能需要安排的復健療程。家庭醫師必須在一個星期內安排老人診約，並詳細說明醫院所規劃的新療程，若老人有執行居家復健的需要，老人就需要在家加設遠距醫療監控系統。家庭醫師會將這個需求轉知社區的居家照護單位，幾天內居家照護單位就會派居家護理師到老人家中裝置遠距醫療所需的設備，並詳細說明復健計畫的細節。復健機器會留下紀錄並明顯標示老人的復健過程，居家照護中心的物理治療師每個星期會察看老人的復健數據，並透過數位平台通知老人復健動作是否需要修正或調整。若一切順利，一年後老人必須再回到專科醫師處確認是否需要調整療程、飲食內容或其他復健計畫。

6-4 復健中心—醫院與居家照護的中繼站

為了維持老人照護政策的永續經營，也為了提供老人更有尊嚴的自主生活，丹麥政府非常重視復健（rehabilitation）服務的規劃。由於醫院的主要功能被定義為急性或重症疾病的治療機構，對於療後需要長時間復原的老人而言，繼續住院接受復健治療不符合醫療資源的成本效益，但若直接回到家中則會面臨生活無法自理或復原功效低落緩慢的現象，丹麥政府於是規劃廣設復健中心以做為老人復能（reablement）的中繼站。復健中心雖然有專業復健治

療師協助老人復健，也有 24 小時的服務與醫療人員值班，但整體復健過程以技術導向為原則，透過各種不同的運動感應器與智慧型機器人的協助，老人除了可以在客製化的療程中與機器一對一的復健外，也會因為智慧型機器生動又即時的反應而萌發更強的復健動機。

　　復健中心除了是住院老人回家休養的中繼站以外，也是社區老人體能訓練與運動的中心。一項根據 2,000 名 80-89 歲丹麥老人的研究發現，肌力訓練讓這些老人的生理機能年輕 20 歲，有氧訓練則讓老人生理機能年輕 10 歲。研究同時發現，肌耐力訓練可以有效避免老人跌倒並提升其自理生活能力，而且也有助於對疾病的抵抗力，在老人健康的促進上有莫大的助益（Healthcare Denmark, 2018）。過去 20 年以來，持續運動或體能訓練已經成為丹麥老人預防性健康計畫的最重要照顧政策之一，以位於丹麥南部的瓦伊恩（Vejen）自治市為例，該市政府與 DigRehab 公司研發一種客製化的體能訓練計畫，參與這項為期 12 個星期的訓練後，118 位老人居家照護時間平均每人每個星期減少了 45 分鐘。奧爾保（Aalborg）自治市以 75 位市民為測試對象，其中 28 人完成 12 個星期的訓練，結果平均居家照護的時間減少了 88 分鐘，經過一年後，仍有 90% 的受試者覺得有效，平均每人每星期減少了 64 分鐘（Healthcare Denmark, 2018）。

6-5 智慧科技下的尊嚴生活

　　為了協助老人能在住家自理日常生活又能持續保有與社會人群的互動，丹麥的老人照顧政策高度仰賴創新的智慧科技。老人除了能透過簡單易學的平版電腦或智慧型手機遙控燈光、窗簾、吸塵

器等家務管理工作外，更能透過無線網路與親友、醫療機構或居家照護中心通聯，以取得即時的協助與救護。根據丹麥 Healthcare Denmark 於 2018 年所發表的白皮書，《丹麥的尊嚴老人照顧》（*A dignified elderly care in Denmark*），強調透過創新科技，老年照護政策可以達到三贏的局面，第一，可以提升照顧品質；第二，可以提升老人自主的生活品質；第三，可以減少實際照顧的人力與時間，而省下的時間與人力可以用在更關鍵的服務與員工的培訓上。

　　由於屬於地方行政層級的自治市是提供老人生活所需之各項服務的主責機構，因此許多自治市在經費許可範圍內會積極設計規劃各項促進活躍老化的活動與創新研發獎勵，以改善服務的效率與品質。以位於丹麥北部的約靈（Hjørring）自治市為例，為了確認老人定時服用正確的藥劑與藥量，該市就研發藥物機器人（pill robot）以取代傳統的電話或手機提醒機制。裝設在老人家中的藥物機器人可以與 e- 健康系統連線，藥劑的種類和數量與服藥時間可以依照醫師的處方箋而隨時更新。先進的藥物機器人還裝有臉部辨識系統，若老人沒有定時將藥物機器人所分配的藥劑服用完畢，社區的居家照護工作人員會再以電話聯絡確認。而在哥本哈根附近的格萊薩克（Gladsaxe）自治市則與 DoseSystem 公司研發數位藥劑箱（digital medicine box），提供給暫時居住在復健中心的老人使用，這種藥劑箱雖然沒有臉部辨識功能，但同樣有提醒用藥的功能以及回覆已經用藥的裝置。該中心統計資料顯示，數位藥劑箱的裝置一年可以省下 4,000 歐元的人力服務費用（Healthcare Denmark, 2018）。

　　位於丹麥中部的司坎訥堡（Skanderborg）自治市則透過與 ZiboCare Denmark 所研發的擁抱毯（Sens-Aid weighted blanket），提供行動不便或有失智傾向的老人被擁抱的感覺（圖 6-2）。這種

智慧型毯子有六個翅膀，分別包覆在腰部、臀部與肩膀，覆蓋在身上的毯子會刺激身體的觸覺與本體感受，使身體產生擁抱激素與快樂溫暖的感覺。養護中心的工作人員發現，這種毯子有助於老人情緒的穩定、並減少因為行動不便而產生的挫折與無力感，老人變得更平靜、更有容忍力、更有安全感、更願意去參與社交活動，因此大大減少工作人員花費在情緒安撫與意見溝通上的時間（Healthcare Denmark, 2018）。

圖 6-2　ZiboCare Denmark 研發的擁抱毯（Sens-Aid weighted blanket）

資料來源：Healthcare Denmark (2018), p. 32.

　　除了適度運動與均衡營養外，足夠的睡眠與休息對老人的整體健康與生活自理能力也有很大的影響。對於晚上睡不著而白天又精神不濟的老人來說，一般都以褪黑激素或人造陽光來解決，法斯考（Favrskov）自治市的 Tinghøj 失智養護中心則以 Niels Eje 公司研發的音樂枕頭（musiCure pillow，圖 6-3）來解決老人的失眠或躁動問題。由於音樂枕頭設有預先鍵入音樂的功能，因此可以依照個人的喜好或者諮商師的建議而設定，養護中心的工作人員發現音樂枕頭不但有助於安眠，還有刺激記憶、安撫情緒、減少疼痛的作用（Healthcare Denmark, 2018）。

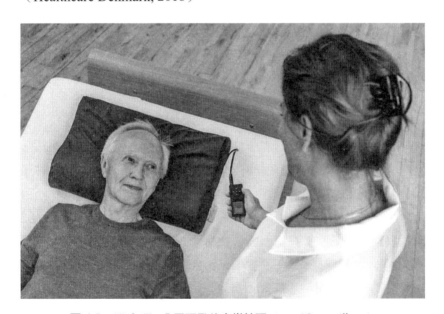

圖 6-3　Niels Eje 公司研發的音樂枕頭（musiCure pillow）

資料來源：Healthcare Denmark (2018), p. 33.

6-6 翻轉形象的送餐服務

　　預防失能、提升健康與延緩老化是丹麥政府老人照顧政策的核心，而欲達成這些目標必須先加強老人的均衡營養與身體機能。在均衡營養的促進上首先需要解決老人的食慾問題。調查研究顯示，在無法自己烹煮食物的老人中，60% 有營養失調現象、20% 因為吃得太少而嚴重營養不良。依照相關規定，自治市政府必須提供送餐服務給無力備食的老人，供餐的單位可能是自治市的中央廚房或外包給私人經營的餐飲公司。送餐方式有兩種，一種是派遣專人遞送熱食，一種是為期一週的宅配冷藏食物。這種冷藏食物有如飛機餐，一餐一盒，且每一餐盒均以真空包裝放置於特製的冰箱內。冰箱上另置一個熱爐，用餐時只要將冰箱內的餐盒放到爐子上加熱即可。宅配冷藏食物的保鮮期為兩週，老人可以依照個人喜好與食量於有效期限內食用。

　　由中央廚房或外包廠商所提供的食物雖然可以依照老人的健康狀況或宗教信仰而提供不同的餐盒，諸如素食餐、體重過輕的高營養餐或低糖的糖尿病餐等。但由於菜色至多三個月更換一次，因此對於促進老人均衡營養攝取的誘因不大。為了改善送餐水準以促進老人食慾，位於丹麥西部的霍爾斯特（Holstebro）自治市乃邀請 Hatch & Bloom 創意設計公司 [1] 協助解決，經過 6 個月的深度調查與研究之後，該公司創意總監，樂天・捷普森（Lotte L. Jepsen），發現問題的核心在於消費端與供給端的缺乏溝通。對於準備食物的廚房工作員工來說，他們從來沒有機會去認識食用這些餐盒的老人，

---

1 本案由 Hatch & Bloom 於 2007 年承辦改善，詳見該公司網頁，How an Improved Food Service Creates a Better Life Quality for Elderly People（https://thisisdesignthinking.net/2016/05/the-good-kitchen/）。

也沒有發揮創意更新食譜的權力，只能照著固定的食譜烹煮。而食用餐盒的老人則普遍認為供餐廚房是骯髒散亂，供餐的工作人員也不會具有專業廚藝訓練，因此對於餐盒不但抱持不信任的態度，也提不起增加食慾的熱情。

Hatch & Bloom 改善工程的第一步是讓廚師進到老人住家，深度瞭解老人的喜好與生活習慣；其次是配合季節性的特殊食材定時更新菜單，廚師也被期待參與餐點設計並提出顧及色香味的創意料理；第三，菜單上加註文字敘述與彩色圖片以增加老人對食物的想像，並藉以提升對餐盒的期待與熱情；第四，適時帶給老人用餐的驚喜，例如生日甜點或特殊節慶餐點等；第五，開放老人臨時加訂雙人餐或多人餐，以方便老人招待訪客；第六，鼓勵老人填寫意見調查表，以做為調整餐點的參考；第七，回應老人的要求，將大型老舊的送餐汽車改為色彩明亮的小型汽車，以避免被誤認為是葬儀社用車。第八，廢除廚師舊有的工作服，改穿專業性制服以提升工作士氣；第九，將自治市中央廚房改名為「好廚房」（Good Kitchen），以提升供餐單位的專業形象。

這些具體改變在一個星期後就出現巨大的變化，老人訂餐率成長了 5 倍，3 個月之後訂餐人數則增加了 7%。在丹麥社會，中央廚房的工作多被視為低階行業，工作人員的流動率非常高，但霍爾斯特自治市的改造工程卻翻轉了中央廚房的傳統形象，不但用餐老人的滿意度提升了，廚房工作人員的士氣也大增，連廚房工作人員的留職率與應徵率都創新紀錄。霍爾斯特自治市的送餐改造經驗因此成為全國模仿的對象，好廚房與 Hatch & Bloom 也因此而獲得丹麥社會設計獎（Danish Design Prize for Social Design）與丹麥地方政府創新獎（Local Government Denmark Prize for Innovation）。

6-7 養老金與稅率

　　丹麥的社會福利水準很高，所有國民除了教育與醫療完全免費外，老人還可以領取非常優渥的養老金。老人的養老金大致有三種來源，第一種為國家提供的公共年金，第二種為勞動市場補充養老金（簡稱 APT），第三種為職業養老金（OECD, 2019）。公共年金包括基本養老金與附加養老金（pension supplement，需要資產調查）兩種，若為經濟弱勢人口，政府會另外提供補充養老金（supplementary pension）。全額基本養老金的給付金額為每月 6,237 丹麥克朗 [2]（約為全國平均薪資的 18%），給付條件為年滿 65 歲 [3]、在丹麥居住至少 40 年、且薪資所得低於 322,500 丹麥克朗，但居住年數不足 40 年者則依比例遞減。附加養老金為單身每月 6,728 克朗、已婚或同居者每人每月 3,333 克朗，但若所有所得超過一定額度也會依比例降低給付金額。勞動市場補充養老金，採強制性提撥制，提撥額度依每週工作時數而定，原則上只要每週工作 9 個小時以上者都需提撥，員工負擔三分之一、雇主負擔三分之二。職業養老金原則上屬強制性保險，額度由勞資雙方協定。

　　高社會福利的基礎往往建立在高稅額制度上，丹麥的所得稅採累進稅率，平均約 45%，加值營業稅（Value Added Tax, VAT）則高達 25%。根據丹麥前議長，莫恩斯·呂克托夫特（Mogens Lykketoft）的說法，丹麥人之所以願意支付這麼高的稅率是因為「他們相信這些錢不會花在非必要的官僚支出上，而是當他們需要時，這些錢會花在他們可以享受得到的公共服務上。」（陳一姍，2019）。經濟合作暨發展組織秘書長，何塞·古里亞（José

2　1 美金約 6.25 丹麥克朗。

3　2019-2022 年逐步提高至 67 歲，2030 年提升為 68 歲。

Á. Gurría）則強調，改善大家的生活應該是公共政策的最終目標（Wiking, 2016）。丹麥社會的老人照顧政策由機構照護轉為居家照護，被認為是一種寧靜革命（silent revolution）（Rostgaard, 2014）。居家照護的內容是經由政府、專家與使用者互相溝通設計而來，因此側重於使用者取向。在丹麥普及式社會福利體制下，社會照顧是政府的責任，而不是德政，且所有公民都有使用服務的權利。

6-8　結語──丹麥人的 Hygge 生活態度

Hygge 是丹麥的文化特色，指涉的是一種心境、生活態度或生命哲學。Hygge 很難翻譯成其他語言，英文被翻譯成 coziness，中文被翻譯成舒適、小確幸、安逸或悠然的感覺。Hygge 一字源自於挪威文，有幸福、安康與福祉的意思，19 世紀以後才出現在丹麥文學著作中，且一直沿用至今。丹麥人追求 Hygge 的境界，而 Hygge 並不難尋，它存在於日常生活中，端賴個人的自我發想與自我體會。因此，獨自一人賴在沙發上品茗、享受燭光火焰的跳動，與相愛的人依偎著看電影或聆賞音樂，與家人朋友一起在草地上野餐話家常，甚至在簡樸的房間內擺放一束鮮花或掛一幅畫作都是 Hygge。或許我們可以將 Hygge 音譯成「福格」，意指定格於幸福的當下。

或許是源自於對福格生活的追求，丹麥人喜歡以創新發明的態度來解決困難、提升生活品質。以老人安養問題為例，在全民普及式福利體制下，提供老人的長期照顧是政府的責任，而針對個人需求盡量提供客製化的服務是丹麥文化的特色。因此在 1960 年代以前，當時 65 歲以上人口約占總人口的 11%、80 歲以上人口占 2% 左右，老人的安養政策以療養院或安養中心的集中式照顧為主。但

隨著老人平均餘命與健康餘命的延長，以及因為集中照顧所造成的疏離與抑鬱等負面影響，丹麥的老人安養政策到 1980 年代以後改為居家照護，藉以滿足老人偏好在家養老與在家終老的選擇。

由於丹麥文化中並不強調子女奉養父母或世代共居的價值觀，因此老人多選擇獨居或與配偶同住的居住安排。為了提升獨居或老老同住老人的生活自理能力，丹麥政府積極透過數位科技的研發，將介入性預防健康管理計畫整合入 e- 健康系統，以建構完整的安全照顧網。此外，丹麥政府也積極與私人企業合作研發生活輔助技術（assisted-living technology），以協助老人維持自立又有尊嚴的生活，同時也節省直接照顧的人力與時間。例如，對於行動不便或臥病在床的老人，自治市政府會協助在屋內天花板安裝掛軌，方便吊掛移位機以減少人力揹扶；對於大小便失禁或行動不便的老人則研發出無線尿布感測器，以減少老人漏尿或因為尿布過濕造成感染與發炎的問題，而準確的掌握尿布更換時間不但可以節省人力檢查的時間與次數，也可以避免造成老人睡眠的干擾。丹麥政府也鼓勵將老人居住房間改裝感應式地板，以方便即時掌握並處理老人跌倒等意外事故。

在福格生活理念的驅使下，丹麥政府將快速高齡化的人口危機視為轉機與商機，Welfare Tech 的成立就是最好的例證。Welfare Tech 是歐洲區域發展基金（European Regional Development Fund）與丹麥政府部門於 2010 年成立的商務開發與創新中心，目的在整合私人企業、政府組織以及研究與教育機構等，共同致力於研發與醫療保健、居家照護以及社會服務等相關產品，一則藉以透過創新產品的研發以提升生活品質，再則可藉以有系統規劃發展新興產業。該中心所扶植的多項產業已經逐漸領先國際市場，並成

為丹麥經濟的主宰。2014 年 Welfare Tech 獲得歐洲集團卓越倡議（European Cluster Excellence Initiative）的金牌認證，丹麥也因此成為第一個獲得健康與科學類別獎項的歐洲國家。

參考文獻

陳一姍（2019 年 6 月 18 日）。〈丹麥人為何願繳稅？《天下》專訪前議長，見證官僚真的不會亂花錢〉，《天下雜誌》，第 675 期。

European Institute for Gender Equality (2018). Gender Equality Index: Index score for Denmark for the 2020. Retrieved from https://eige.europa.eu/gender-equality-index/2020/DK

Eurostat (2020a). Women's employment in the EU. Retrieved from https://ec.europa.eu/eurostat/web/products-eurostat-news/-/EDN-20200306-1

Eurostat (2020b). Educational attainment statistics. Retrieved from https://ec.europa.eu/eurostat/statistics-explained/index.php/Educational_attainment_statistics

Eurostat (2021a). Projected old-age dependency ratio. Retrieved from http://appsso.eurostat.ec.europa.eu/nui/show.do?dataset=tps00200&lang=en

Eurostat (2021b). Population: Demography, population projections, census, asylum & migration – Overview. Retrieved from https://ec.europa.eu/eurostat/web/population/overview

Eurostat (2021c). Self-perceived long-standing limitations in usual activities due to health problem by sex, age and income quintile. Retrieved from https://ec.europa.eu/eurostat/databrowser/view/HLTH_SILC_12__custom_689540/default/table?lang=en

EVS (2020). European Values Study 2017: Integrated Dataset (EVS 2017). GESIS Data Archive, Cologne. ZA7500 Data file Version 4.0.0, doi:10.4232/1.13560.

Healthcare Denmark (2018). *A dignified elderly care in Denmark*. Retrieved from https://www.healthcaredenmark.dk/news/new-white-paper-a-dignified-elderly-care-in-denmark/

OECD (2019). Pensions at a glance 2019: Country profiles - Denmark. Retrieved from https://www.oecd.org/els/public-pensions/PAG2019-country-profile-Denmark.pdf

Rostgaard, T. (2014). Nordic care and care work in the public service model of Denmark: Ideational factors of change. In León M. (Ed.), *The transformation of care in European societies* (pp. 182-207). London: Palgrave Macmillan.

Sundhedsministeriet (2018). *Digital health strategy 2018-2022: A coherent and trustworthy health network for all*. Retrieved from https://sundhedsdatastyrelsen.dk/da/diverse/download

The Danish Agency for Digitisation (2013). *Digital welfare: Empowerment, flexibility and efficiency*. Retrieved from https://www.rm.dk/siteassets/sundhed/faginfo/center-for-telemedicin/english/documents/strategy_for_digital_welfare_2013_2020.pdf

Wiking, M. (2016, January 20). Why Danes happily pay high rates of taxes. *U.S. News*. Retrieved from https://www.usnews.com/news/best-countries/articles/2016-01-20/why-danes-happily-pay-high-rates-of-taxes

第七章
老人的未來—如何照顧

　　面對快速的人口高齡化現象，日本政府雖然早在 20 年前（2000 年）即設立介護保險制度，超前部署老年的長照規劃，但作家兼評論家松原惇子卻宣稱日本的「獨老時代」已然來臨。因為除了較高比例的喪偶或失婚女性外，日本男性每三人就有一人是終身未婚者，每三對夫妻就有一對離婚，而且結婚不但不再是老後保險，縱或有了子女也不一定可以同住接受照顧。根據日本國立社會保障與人口問題研究所的各項資料，預計到 2035 年「老後單身族」將占日本總人口的四成（松原惇子，2016；簡毓芬譯，2017）。松原甚至進一步認為長壽比癌症更恐怖，因為生命中分分秒秒都在老化並迎向死亡，如果活到 100 歲但卻要依賴機器為生、或者無法自由走動，這樣的生活有何樂趣可言？

　　而早在 2013-2014 年間日本 NHK 電視就著手蒐集報導有關於日本貧窮老人的現狀，並以《老人漂流社會—老後破產的現狀》為題目，呼籲政府與社會大眾正視靠基本年金（每個月 6 萬日圓）過生活老人的困境，這些老人付了房租之後就負擔不起三餐，更不用說醫療等相關支出了。藤田孝典（2016；吳海青譯，2017）則以「下流老人」形容處於這種境地的老人，並強調如果不進行改變，則「政府養不起你、家人養不起你、你也養不起你自己」。但三浦展（2016；林育萱譯，2017）卻持相反意見，認為在下流時代也要

做幸福老人，而其關鍵則在於人際關係的經營，要互相信賴、互相支持才能共存共榮並創造幸福的生活。

但對他人的信任往往是強烈家庭主義色彩社會所普遍缺乏的，美國學者愛德華・班菲爾德（Edward C. Banfield）的研究（1958）顯示，在南義大利的強烈家庭主義（即高度家族聯繫）環境下，公共利益往往因為無法跨越的「我群」信任界線，而被以家庭宗族為中心之「我群」的私利所犧牲。Greif（2006）分析比較核心家庭與擴展家庭之世代關係後則發現，盛行核心家庭的社會，成年子女多在結婚之後離開原生家庭自立門戶，因此比較容易形成社會遷移。遷移不但有助於與他人合作的機會，也有助於人口的集中與都市的形成。離開原生家庭的遷移者由於沒有家庭宗族的庇蔭，所以需要仰賴更多與「他者」合作的機會，因此對他人的信賴度較高。英國學者 Ermisch 與 Gambetta（2010），以心理實驗方式測試家庭聯繫強弱與對陌生人的信賴程度，同樣發現家族聯繫愈強的受試者對於陌生人的信賴程度愈低。

美國學者法蘭西斯・福山（Francis Fukuyama）在《信任：社會德性與經濟繁榮》一書中強調，信任既是美德也是社會經濟繁榮的基礎，更是民主國家公民社會不可或缺的要素，因為制度文明需要以共識做基礎，而共識的形成需要堅強的互信互賴。在高齡化社會，當家庭的養老功能已經逐漸式微，而婚姻關係也逐步變成一種陪伴關係，老人面對的將是獨老的時代，獨老時代需要更強的社會信賴—包括人與人之間的信賴，以及個人與政府之間的信賴。

　　分析 2017 年歐洲價值觀研究（EVS, 2020）調查資料，如圖
7-1 所示，家庭主義愈強烈的社會（即愈支持「成年子女應該提
供父母長照的責任」的說法），對他人的信賴度愈低。資料同時顯
示，對他人信任程度愈低的社會，人類發展指數也愈低（圖 7-2）；
而傳統性別角色分工期待度愈高的社會（即愈支持「稀少的工作
機會應該優先給男性」的說法），對他人的信賴程度也愈低（圖
7-3）。

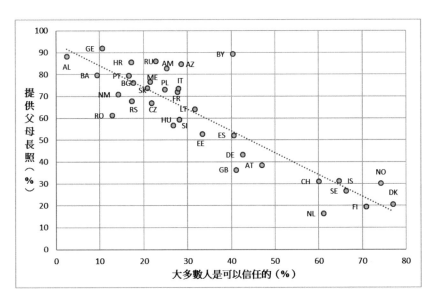

圖 7-1　家庭主義與對他人的信任[1]

1　國家代碼：AL（阿爾巴尼亞）、AZ（亞塞拜然）、AT（奧地利）、AM（亞美尼亞）、
　BA（波士尼亞與赫塞哥維納）、BG（保加利亞）、BY（白俄羅斯）、HR（克羅埃西亞）、
　CZ（捷克）、DK（丹麥）、EE（愛沙尼亞）、FI（芬蘭）、FR（法國）、GE（喬治亞）、DE（德
　國）、HU（匈牙利）、IS（冰島）、IT（義大利）、LT（立陶宛）、ME（蒙特內哥羅）、NL（荷
　蘭）、NO（挪威）、PL（波蘭）、PT（葡萄牙）、RO（羅馬尼亞）、RU（俄羅斯）、RS（塞
　爾維亞）、SK（斯洛伐克）、SI（斯洛維尼亞）、ES（西班牙）、SE（瑞典）、CH（瑞士）、
　NM（北馬其頓）與 GB（英國）。

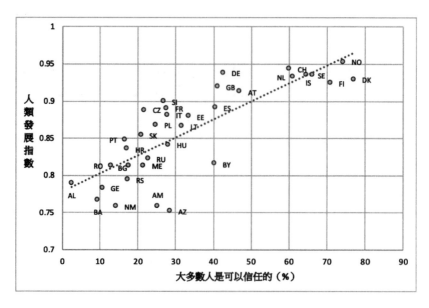

圖 7-2　人類發展指數與對他人的信任

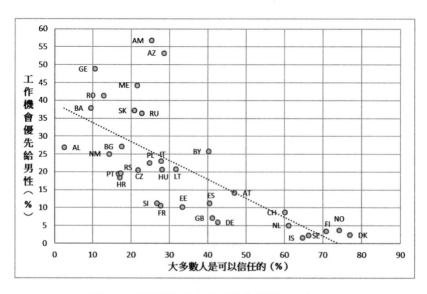

圖 7-3　傳統性別角色分工態度與對他人的信任

　　義大利等南歐國家以及羅馬尼亞等東歐國家仍保留強烈的家庭主義色彩，傳統性別角色分工的價值觀也較為濃厚，對他人的信賴程度也普遍較低，因此老人的主要照顧責任仍由家庭承擔；但西北歐國家則由於社會經濟發展程度較高、傳統性別角色分工期待較低、人際間的信賴程度較強烈，老人的主要照顧責任逐漸與家庭脫離，並轉由社會與政府共同承擔。誠如丹麥前議長，莫恩斯·呂克托夫特（Mogens Lykketoft），所說的，丹麥人之所以願意支付偏高的稅率，就是因為相信政府會把這些錢花在他們可以享受得到的公共服務上（陳一姍，2019）。因此，只要有廉能的政府、有值得信賴的人際關係與長照系統，上流老人的社會是可以預期的。未來值得繼續研究的已經不再是誰來照顧老人，而是如何照顧老人，尤其是如何在互信互賴的上流老人社會中，有效遏止日益猖獗的老人詐欺事件。

參考文獻

三浦展，林育萱譯（2017）。《在下流時代，也要做幸福老人：利用共享生活創造老後幸福》。臺北市：時報文化。

松原惇子，簡毓棻譯（2017）。《獨老時代：20個大齡生活提案，迎接一個人的老後》。新北市：世茂。

法蘭西斯・福山（Francis Fukuyama），李宛蓉譯（2014）。《信任：社會德性與經濟繁榮》。新北市：立緒文化。

陳一姍（2019年6月18日）。〈丹麥人為何願繳稅？《天下》專訪前議長，見證官僚真的不會亂花錢〉，《天下雜誌》，第675期。

藤田孝典，吳海青譯（2017）。《續・下流老人：政府養不起你、家人養不起你、你也養不起你自己，除非，我們能夠轉變》。臺北市：如果出版。

Banfield, E. C. (1958). *The moral basis of a backward society*. New York: Free Press.

Ermisch, J., & Gambetta, D. (2010). Do strong family ties inhibit trust? *Journal of Economic Behavior & Organization*, 75, 3: 365-376. doi: https://doi.org/10.1016/j.jebo.2010.05.007

EVS (2020). European Values Study 2017: Integrated Dataset (EVS 2017). GESIS Data Archive, Cologne. ZA7500 Data file Version 4.0.0, doi: 10.4232/1.13560

Greif, A. (2006). Family structure, institutions, and growth: The origins and implications of western corporations. *American Economic Review*, 96, 2: 308-312.